C. W. Leadbeater
Annie Besant ·

Gedankenformen

C. W. Leadbeater
Annie Besant

Gedankenformen

Verlag Hermann Bauer
Freiburg im Breisgau

Die Deutsche Bibliothek - CIP-Einheitsaufnahme

Leadbeater, Charles W.:
Gedankenformen / C. W. Leadbeater ; Annie Besant.
[Autoris. Übers. ins Dt. von der Literarischen Abteilung
des Theosophischen Verlagshauses]. - 6. Aufl. -
Freiburg im Breisgau : Bauer, 1994
    Einheitssacht.: Thought-forms <dt.>
    ISBN 3-7626-0332-4
NE: Besant, Annie:

Autorisierte Übersetzung ins Deutsche
von der Literarischen Abteilung
des Theosophischen Verlagshauses

Mit 47 farbigen Abbildungen, 2 s/w-Abbildungen
und 7 Zeichnungen

6. Auflage 1994
ISBN 3-7626-0332-4
© by Verlag Hermann Bauer KG, Freiburg im Breisgau
Alle Rechte der deutschen Ausgabe vorbehalten
Druck und Bindung: Freiburger Graphische Betriebe
Freiburg im Breisgau
Printed in Germany

Alle Tage, alle Nächte
Rühm ich so des Menschen Los.
Denkt er ewig sich ins Rechte,
Ist er ewig schön und groß.

Goethe

INHALT

VORWORT

Der Text dieses kleinen Buches ist von Leadbeater und mir gemeinsam verfaßt worden; ein Teil ist bereits im »Lucifer« (jetzt »Theosophical Review«) erschienen, aber der größte Teil ist neu. Die Gedankenformen, die Leadbeater, ich, oder wir beide zusammen, beobachtet haben, wurden von dreien unsrer Freunde gezeichnet und gemalt: von Mr. John Varley, Mr. Prince und Miß Macfarlane. Ihnen sprechen wir unsern herzlichsten Dank aus. Es ist eine mühsame und undankbare Aufgabe, die in das lebendige Licht höherer Welten gehüllten Formen mit den trüben irdischen Farben zu malen; um so größere Dankbarkeit schulden wir denen, die diesen Versuch gemacht haben. Sie mußten feuriges, lebendiges Leuchten darstellen, wo sie nur irdische Farben hatten. Wir danken auch Mr. Bond für seine Erlaubnis, seinen Aufsatz über »Vibration Figures« und einige seiner vorzüglichen Zeichnungen zu benutzen. Ein anderer Freund, der uns einige seiner Notizen und Zeichnungen schickte, besteht darauf, anonym zu bleiben, daher können wir ihm nur danken und müssen seinen Namen ungenannt lassen.
Es ist unsere ernste Hoffnung — wie es auch unser Glaube ist — daß dieses Büchlein jeden Leser ernstlich fördern wird. Es soll ihm die wahre Natur und die Macht seiner Gedanken klar machen, es soll die Edlen begeistern und die Unreifen warnen. In dieser Hoffnung übergeben wir dieses Werk der Öffentlichkeit.   Annie Besant

GEDANKENFORMEN,

ein für jeden Gebildeten sehr interessantes, besonders aber für Okkultisten, Metaphysiker und christliche Wissenschaftler sehr nützliches Werk.

Daß Gedanken Kräfte sind, deren Schwingungen, ähnlich wie die drahtlose Telegraphie in die Ferne wirken und von empfänglichen Gemütern empfangen und wahrgenommen werden können, ist eine heutzutage bereits allgemein anerkannte Tatsache. Das vorliegende Buch beschreibt die Art dieser Schwingungen.

Wer dieses Buch zum ersten Male in die Hand nimmt, der wundert sich darüber, wie man es macht, solche Gedankenformen zu sehen, und dennoch ist es für jeden, der ein feineres Gefühlsleben hat, nicht schwer, die in dem Buche enthaltenen Beschreibungen auf ihre Richtigkeit nachzuprüfen. Aus dem Gefühle entspringen die Vorstellungen, und wer sein eigenes Gefühlsleben erforscht, der wird auch bald die daraus entspringenden Ätherschwingungen mit ihren Formen und Farben erkennen. Dergleichen »Gedankenformen« können somit vielleicht besser als Formen, die dem Gefühlsleben oder Willen entspringen, als Gedankenformen, die durch objektives Denken oder Vorstellungen gebildet sind, betrachtet werden; denn bei letzteren nimmt der Gedankenstoff (chittah) die Form des Gegenstandes, den man sich vorstellt, an.

VIII

Wie es auch sein mag: die praktische Anwendung der in diesem Buche enthaltenen Lehren besteht in dem Streben des Menschen, die Herrschaft über sein Fühlen und Denken zu erlangen und seinen Mitmenschen nur gute und heilsame Gedanken zuzusenden, die diesen wie schützende Engel umschweben und für ihn »unsichtbare Helfer« sind.

Franz Hartmann
Algund 1908

VORWORT ZUR ZWEITEN DEUTSCHEN AUFLAGE

Der II. deutschen Auflage fügen wir wieder die Vorworte von Franz Hartmann und Annie Besant bei, die die I. Auflage einführten.

Nach der Herausgabe der II. Auflage von »Der sichtbare und der unsichtbare Mensch« wurde die Nachfrage nach den Gedankenformen, die ja die unbedingt erforderliche Ergänzung des ersteren Werkes bilden, so drängend, daß die Herausgabe beschleunigt werden mußte. Seit dem erstmaligen Erscheinen der Gedankenformen ist aber viel neues Material durch die theosophische Forschung gewonnen worden, auch von Seiten der modernen Rosenkreuzer-Bewegung. Franz Hartmann kommt zunächst anders in Frage. Er, Max Heindel und Rudolf Steiner haben diese Bewegung, die in Deuschland große Verbreitung gefunden hat, begründet. Diese Forscher wurzeln urbildlich in der Psychologie des Menschen, der Erde, der Menschheit und des Universums, die seit der Veröffentlichung der GEHEIMLEHRE unter dem Namen »Uralte Weisheit« oder »Theosophie« bekannt geworden ist. Die theosophische Forschung wird natürlich nicht von dem Fanatismus einzelner Schulen berührt, von denen die eine die andere am liebsten ausschließen möchte. Sie hat auch nichts mit dem Schicksal der einzelnen Lehrer zu tun. Sie prüft immer wieder ganz objektiv die in ihren

Werken niedergelegten Erkenntnisse und Erfahrungen, wie weit sie mit der Vernunft- und Gewissens-Grundlage der auf Selbsterkenntnis beruhenden theosophischen Forschung übereinstimmt, und fügt das in den Forschungs-Aufbau ein, was diesen Grundlagen standzuhalten vermag und ihnen gemäß ist. Der II. Auflage der Gedankenformen sind daher in Form von Anmerkungen, einem Anhange und Einfügungen, die durch kompressen Druck gekennzeichnet sind, einige Hinweise zur Erweiterung der Forschung beigefügt worden. Diese Erweiterungen sollen keine erschöpfende Ergänzung darstellen, es sind nur einige kurze Winke und Richtlinien, die in den nächsten Auflagen wieder erweitert und ergänzt werden sollen.

Die theosophische Forschung bedient sich nicht nur der Ratio, der Vernunft des wissenschaftlich geschulten Verstehens, sondern auch des irrationalen Denkens, des geschulten Unterbewußtseins. Stellen wir uns das Erkenntnisvermögen des Menschen als einen Kreis vor, so bildet das rationale Denken nur einen Sektor darin, der übrige Teil des Kreises ist das irrationale Denken, das man auch als Intuition oder mit dem goetheschen Begriffe als »anschauende Urteilskraft« bezeichnen kann.

Der Wissenschaftler, in erster Linie der Akademiker, wendet nur das rationale Denken an, der Mystiker fußt auf seiner Intuition. Der theosophische Forscher bringt beide Erkenntnisarten des menschlichen Wesens in Harmonie und zur höchsten Vollendung. Und dieser harmonische Einklang der Erkenntnisorgane ergibt sich, wenn der Organismus des wirklichen Wahrnehmens und Erkennens im theosophischen Sinne geleitet und von dem souveränen Ich, das durch die Selbsterkenntnis die Verbindung mit dem LOGOS, dem allgegenwärtigen ICH BIN unseres Sonnensystems, erhalten hat, kontrolliert wird.

Die theosophische Forschung geht, wie der Taoismus, wie später der deutsche Philosoph Nikolaus Casanus, dann Spinoza und Schelling, auf dem wieder Goethe fußte, von der Einheit aus, die zu ihrer Offenbarung einen Dualismus braucht. — Der Mensch verliert sich an diese Zweiheit und muß sie nun wieder in seinem Wesen überwinden und die sie überhöhende Einheit finden.

Die beiden großen Kraftbewegungen des Dualismus: die Zentrifugal- und die Zentripetalkraft beeinflussen die Apperzeption, die Wahrnehmung des Forschers. Der Weg von innen nach außen wird in der theosophischen Forschung als die Extraversion (Yang) bezeichnet, und der Weg von außen nach innen — als die Introversion (Yin). Aber die auf beiden Wegen gewonnene Erkenntnis muß verglichen werden und sich zu einem gemeinsamen Resultate vereinigen.

Die dualistischen Systeme, für die Kraft und Stoff, Geist und Materie, Glauben und Wissen, Metaphysik und Wissenschaft, Erde und Sonne, Verneinung und Bejahung unvereinbare Gegensätze sind, und in denen das Eine Höchste keinen Platz hat, finden im theosophischen Systeme ihre Entspannung. Das können viele nicht erkennen. Sie verwechseln auch immerwährend das theosophische System mit Theosophie selbst, wie sie den goetheschen Begriff: Gott-Natur mit GOTT verwechseln.

Im Taoismus geht aus dem absoluten Tao das wörtliche

XII

Tao, die Mutter aller Dinge hervor. Die Einheit erzeugt eine Zweiheit: das Yang und Yin. (Urpole: Licht—Finsternis, hart — weich, das Männliche — das Weibliche, Aktivität—Passivität, Extraversion—Introversion.) Daraus geht die Welt der Maja, der Erscheinungen hervor. Diese Philosophie ist urbildlich für die indische und europäische Philosophie.

>Die Eins erzeugt die Zwei,
Die Zwei erzeugt die Drei,
Die Drei erzeugt alle Dinge.«

Der Tao-Begriff ist bei Spinoza die Substanz, bei Schelling das Urwesen, das älteste Wesen der Welt (natura naturans), bei Goethe Gott-Natur. Der deutsche Idealismus verbindet mit diesem Urwesen den Begriff der höchsten Freiheit. Dieses Ziel ist in der theosophischen Methodik das Große Mysterium (ATMA), der einzige Führer dahin ist ATMA-BUDDHI (Der LOGOS, das WORT war bei GOTT). Die theosophische Methodik erkennt 3 Stufen an:

1. die Erkenntnisstufe,
2. die Erlebnisstufe,
3. die Stufe des Mysteriums.

Auf der ersten Stufen treten die Dinge in das Erkennen ein, das Subjekt und Objekt werden eins in der Erkenntnis. Auf der zweiten Stufe schreitet das Erkennen fort zum Erlebnis der Seele, zu einem Darinnen-Wohnen, und hier entscheidet es sich, wie weit das Erkannte objektiv in den Strom des Lebens aufgenommen werden kann. Diese Stufe erreichte Goethe. Er fühlte die Welt, in der die Urbilder der Dinge lebendig sind:

XIII

> »Ein Blick, der mich an jenes Meer entrückt,
> Das flutend strömt gesteigerte Gestalten«.

Aber er wußte, daß er diesen Erkenntnisweg nur beschreiten konnte durch andächtige Ehrfurcht.

> »Und in der freien Luft zu freien Sinnen
> Zum Sonnenlicht andächtig hin mich wendend«.

Auf der dritten Stufe wird das Erlebnis aus der Sphäre des Menschlichen zum allgemeingültigen kosmischen Erleben erhoben. Es bekommt die große kosmische Prägung, die Monumentalität. Die esoterischen Christen würden sagen: »Das Licht der Menschen wird nun erhöht durch das Licht der Welt«, und was diesem Lichte standhält, das ist absolut gut, für die ganze Menschheit, das wirkt befreiend und erlösend auf jeder Stufe der Entwicklung.

Auch das wußte Goethe:

> »Was kann der Mensch im Leben mehr gewinnen,
> Als daß sich Gott-Natur ihm offenbare?
> Wie sie das Feste läßt zu Geist verrinnen,
> Wie sie das Geisterzeugte fest bewahre«.

Goethe hat in wunderbarer Weise die theosophische Forschung sprachlich-philosophisch vorbereitet.

Der MEISTER, der esoterische Christ sagt CHRISTUS, ist der LOGOS, und nur, was unter SEINER Führung und Belichtung gearbeitet und erforscht wird, das kann die Menschenseele wirklich frei machen.

Deshalb muß sich die theosophische Forschung den sünden-freien und todesfreien Blick aneignen. In dieser Anschauung betrachtet sie die Dinge, und sieht so in ihnen, im unend-lich Kleinen und im unendlich Großen, das Gesetz des

XIV

Seins, des unsterblichen Lebens, als dessen bewußten Träger sie den Menschen bezeichnet. Wesen, die diese Bezeichnung verdienen, sprechen aus voller Erkenntnis heraus: »Alles, was ich habe, habe ich vom VATER«, Der das Urwesen (Tao) unseres Sonnensystemes ist. ES ist innerhalb des ganzen Sonnensystemes allwissend und allmächtig. Und damit hat ES auch das Gesetz in sich, das bis in die kleinsten Teilchen der sichtbaren Materie hinein am Verlaufe der Entwicklung arbeitet. Dieses Urwesen wirkt im theosophischen Forscher in erster Linie durch das gereinigte Herz, worin das permanente Atom seine Behausung findet. Herz, Zirbeldrüse und der durch die Katharsis hindurchgegangene Astral-, Äther- und Physische Körper bilden die äußere Grundlage der Erkenntnisorgane des theosophischen Forschers.

Lücken und Fehler in der theosophischen Forschung lassen sich immer auf sitzengebliebene Ausbildung der Erkenntnis-Organe und Erkenntnis-Kräfte des betreffenden Forschers zurückführen. Mancher Fehler und manche Einseitigkeit lassen sich auch darauf zurückführen, daß der Forscher nicht immer die Assistenz des LOGOS, des Göttlichen ICH BIN gehabt hat. Anthropomorphistische Unterströmungen treten dann ein und färben und begrenzen das Resultat.

Der theosophische Forscher entzieht sich keiner Diskussion, die sich auf geschultes Denken gründet, weil er weiß, daß sich auf dieser Basis mit jedem Menschen Resultate erreichen lassen, bei denen letzten Endes jeder zu dem Eingeständnisse kommen muß: »Ja, so ist es«.

XV

Die WAHRHEIT ist absolut. Aber nur geschultes Denken
Fühlen und Wollen findet den Weg zu ihren Grundlagen.
Deshalb ist dem Grundgesetze, auf dem die europäische
Kultur beruht, noch nie widersprochen worden:
»Nur DIE WAHRHEIT kann uns frei machen«.
Leipzig, Dezember 1926.

Die literarische Abteilung
des Theosophischen Verlagshauses.

EINFÜHRUNG

In dem Maße, wie die Erkenntnis fortschreitet, wechselt die Stellung der Wissenschaft gegenüber den Dingen der unsichtbaren Welt beständig. Ihre Aufmerksamkeit ist nicht mehr allein auf die Dinge der Erde gerichtet, oder auf die sie umgebenden, physischen Welten, sondern sie fühlt sich gezwungen, weiter zu schauen und Hypothesen aufzustellen, die sich auf die Natur des Stoffes und der Kraft beziehen, die jenseits des Bereiches ihrer Instrumente liegen. Der Äther beginnt jetzt, im Reiche der Wissenschaft festen Fuß zu fassen und wird allmählich mehr als nur Hypothese sein. Der Mesmerismus ist unter seinem neuen Namen »Hypnotismus« wissenschaftlich wieder zeitgemäß geworden. Reichenbachs Experimente werden zwar noch mit einem gewissen Mißtrauen betrachtet, aber nicht mehr ganz verurteilt. Die Röntgenstrahlen haben einige der älteren Ideen über den Stoff wieder zu Ehren gebracht, während das Radium sie über den Haufen geworfen hat und jetzt die Wissenschaft über das Grenzland des Äthers hinaus in die Astralwelt hineinführt. Die Grenzen zwischen belebtem und unbelebtem Stoffe sind niedergerissen. Man hat gefunden, daß in Magneten recht unheimliche Kräfte wohnen, die bestimmte Krankheitsformen auf einem noch nicht erklärten Wege übertragen. Obgleich die Telepathie, das Hellsehen und die Levitation noch nicht am grünen Tische der Wissenschaft anerkannt werden, so erscheinen sie bereits in den Schaustellungen der Jahrmärkte. Die Wissenschaft hat ihre Fühlhörner schon überallhin ausgestreckt, sie hat bei der Er-

1

forschung der äußeren Natur einen so seltenen Scharfsinn gezeigt und eine so unermüdliche Geduld in ihren Untersuchungen bewiesen, daß sie jetzt die Belohnung dafür empfängt. Die Kräfte und Wesen des nächst höheren Planes beginnen, sich an der äußeren Grenze der physischen Welt zu zeigen. »Die Natur macht keine Sprünge«, und in dem Maße, wie der Physiker sich den Grenzen seines Reiches nähert, wird er in Erstaunen gesetzt durch Berührungen und Lichtblitze, die einem andern Reiche angehören, das das seinige durchdringt. Er fühlt sich veranlaßt, über unsichtbare Wesenheiten nachzusinnen, wäre es auch nur, um eine vernünftige Erklärung für unzweifelhafte, physische Erscheinungen zu finden, und so kommt es, daß er unmerklich über die Grenzen der physischen Welt hinweggleitet und in Berührung mit dem Astralplane kommt, wenn er sich auch dessen nicht bewußt wird.

Einer der interessantesten Wege, der aus dem Physischen ins Astrale führt, ist das Studium der Gedankenwelt. Der Gelehrte des Westens, der mit der Anatomie und der Physiologie des Gehirnes beginnt, bemüht sich, diese zur Grundlage einer gesunden Psychologie zu machen. Er schreitet dann fort in die Region der Träume, Täuschungen und Wahnvorstellungen, und sobald er sich bemüht, eine Experimentalwissenschaft auszuarbeiten, die sie klassifizieren und in das System einreihen soll, taucht er plötzlich in der Astralwelt unter. Dr. Baraduc in Paris hat nahezu die Grenzen, die uns von der übersinnlichen Welt trennen, überschritten und beginnt jetzt, astral-mentale Gebilde zu photographieren, um Bilder von dem zu gewinnen, was man vom materialistischen Standpunkte aus die Resultate der Schwingungen in der grauen Gehirnmasse nennen würde.

Es ist allen denen, die sich mit dieser Frage beschäftigt haben, schon lange bekannt, daß man unsichtbare Gegenstände durch die Brechung ultravioletter Strahlen nachweisen kann, deren Vorhandensein bei Benutzung der sichtbaren Strahlen des Spektrums nicht wahrgenommen werden kann. Hellsehende wurden gelegentlich durch den Umstand gerechtfertigt, daß Figuren, die sie neben dem zu Photographierenden gesehen und beschrieben hatten, auf empfindlichen photographischen Platten erschienen, während sie mit dem physischen Auge nicht wahrgenommen werden konnten. Einem vorurteilslosen Beurteiler ist es unmöglich, die Wahrheit dieser Begebenheiten, die durch die Macht ihrer eigenen, oft wiederholten Experimente dargetan worden ist, völlig abzuleugnen. Jetzt gibt es Forscher, deren wissenschaftliche Objektivität über jeden Zweifel erhaben ist, die darauf hinarbeiten, Bilder von feinen Formen zu erlangen, und sie erfinden besondere Methoden diese wiederzugeben. Dr. Baraduc scheint einer der erfolgreichsten Forscher auf diesem Gebiete gewesen zu sein. Er hat ein Werk herausgegeben, das seine Untersuchungen behandelt und Reproduktionen der erlangten Photographien enthält. Dr. Baraduc behauptet, daß er die feineren Kräfte, durch die die Seele sich ausspricht, untersucht hat. Er versucht nämlich, ihre Bewegungen durch eine Art Nadel aufzuzeichnen, und ihre leuchtenden, wenngleich unsichtbaren Schwingungen durch die Veränderungen auf lichtempfindlichen Platten festzuhalten. Er schließt Elektrizität und Wärme aus. Wir

3

können seine biometrischen Versuche (das Messen der Lebensäußerungen an den Bewegungen) übergehen und wollen nur auf seine ikonographischen einen Blick werfen. Sie übermitteln uns die Eindrücke der unsichtbaren Wellen, von denen er annimmt, daß sie der Natur des Lichtes verwandt sind, und daß die Seele sich gleichsam selbst in ihnen widerspiegelt. Eine Anzahl dieser Photographien stellen ätherische und magnetische Resultate physischer Erscheinungen dar. Auch diese können wir wieder übergehen, da sie zu unserem Gegenstande keine besondere Beziehung haben, obgleich sie immerhin interessant sind. Dr. Baraduc erzielte verschiedene Bilder, indem er anhaltend an einen bestimmten Gegenstand dachte und die Wirkung der Gedankenformen auf einer lichtempfindenden Platte sichtbar machte. So versuchte er, das Bild einer verstorbenen, ihm bekannten Dame zu projizieren, und er brachte auch ein Bild hervor, indem er an eine Zeichnung dachte, die er an ihrem Totenbette von ihr gemacht hatte. Er sagt ganz richtig, daß ein Gegenstand dadurch erzeugt wird, daß er aus dem menschlichen Geiste hinaustritt und sich dann materialisiert. Dieses Gedankenbild erforschte er nach seiner auf Silbersalz hervorgebrachten, chemischen Wirkung. Die Projektion eines inbrünstigen Gebetes ist eine besonders lehrreiche Illustration einer nach außen strahlenden Kraft. Er hat ein Gebet dargestellt, das Formen hervorbringt, die an Blätter eines Farnkrautes erinnern und wieder ein anderes, das aufwärts strömendem Regen gleicht, wenn dieser Ausdruck gestattet ist. Drei Personen, die sich in Liebe vereint wissen, bringen eine gekräuselte, längliche Form hervor.

4

Ein kleiner Knabe, der einen toten Vogel betrauert und liebkost, ist von einer Lichtflut umgeben, die sich aus gebogenen, ineinander verwobenen Strahlen zusammensetzt, wie sie Gemütsaufregungen eigentümlich sind. Das Gefühl einer tiefen Traurigkeit erzeugte einen starken Wirbel. Wenn man diese hochinteressanten und überzeugenden Bilderreihen betrachtet, so versteht man, daß sie nicht die Gedankenbilder selbst darstellen, sondern die Wirkung, die sie vermöge ihrer Schwingung in der Äthermaterie hervorgerufen haben. Man muß Gedanken hellsehend wahrgenommen haben, um die durch sie hervorgebrachten Resultate völlig zu verstehen. Diese Illustrationen sind also auch in bezug auf das, was sie uns nicht zeigen können, lehrreich. Für den Strebenden kann es sehr lehrreich sein, wenn ihm einige dieser natürlichen Tatsachen klarer, als es bisher geschehen ist, vorgeführt werden, und sie werden ihm die Resultate, zu denen Dr. Baraduc kommt, verständlicher machen. Diese Resultate können natürlich nicht vollkommen sein, da ein physischer, photographischer Apparat und seine lichtempfindlichen Platten keine idealen Instrumente sind, um astrale Untersuchungen auszuführen. Sie sind aber interessant und wertvoll, da sie ein Band zwischen den Wahrnehmungen der Hellseher und den Wissenschaftlern bilden. Auch Forscher außerhalb der Theosophischen Gesellschaft beschäftigen sich gegenwärtig mit der Tatsache, daß Veränderungen im Gefühlsleben eine Farbenveränderung in der Aura (der wolkenartigen, eiförmigen Hülle, die alle lebenden Wesen umgibt) hervorrufen.

Artikel über diesen Gegenstand erscheinen in Zeitschriften,

die mit der Theosophischen Gesellschaft in keinerlei Verbindung stehen, und ein Spezialarzt*) hat in einer ganzen Reihe von Fällen die Farbe der Aura von Personen der verschiedensten Typen und Temperamenten beschrieben. Die Ergebnisse seiner Arbeit stimmen im allgemeinen mit den Resultaten theosophischer Forschung überein.

Nach dem üblichen Kanon, den man gewöhnlich auf subjektive Zeugnisse anwendet, genügt diese allgemeine Übereinstimmung, um ihre Wirklichkeit zu beweisen. Das Buch »Der sichtbare und der unsichtbare Mensch«*) behandelt die Aura nur ganz allgemein. Die vorliegende kleine Schrift, die von dem Verfasser des Buches »Der sichtbare und der unsichtbare Mensch« und einem seiner theosophischen Mitarbeiter verfaßt worden ist, will diesen Gegenstand weiter entwickeln. Wir glauben, daß dieses Studium dem Strebenden von großem Nutzen sein kann, da es seinem Gemüte die lebendige Kraft des Gedankens und Wunsches einprägt.

---

*) Dr. Hooker, Gloucester Place, London, W.
**) C. W. Leadbeater. Neuauflage: Verlag H. Bauer, Freiburg i. Br.

DIE SCHWIERIGKEIT DER DARSTELLUNG

Wir haben oft sagen hören, daß Gedanken Dinge sind, und viele sind unter uns von der Wahrheit dieser Aussage überzeugt. Sehr wenige haben aber eine klare Vorstellung von der Natur der Gedanken, und es ist die Aufgabe dieses Buches, uns eine klare Vorstellung davon zu übermitteln. Wir haben dabei mit einigen ernsten Schwierigkeiten zu kämpfen, denn unser Raumbegriff ist auf drei Dimensionen beschränkt, und wenn wir eine Zeichnung anfertigen, beschränken wir uns gewöhnlich auf zwei. Selbst von gewöhnlichen, dreidimensionalen Gegenständen ist die Darstellung eine sehr mangelhafte, da kaum eine Linie oder ein Winkel auf unserer Zeichnung genau wiedergegeben werden kann. Von einer Straße z. B., die ein Bild durchschneidet, muß der Teil im Vordergrunde sehr viel breiter dargestellt werden, als der im Hintergrunde, obgleich die Breite in Wirklichkeit dieselbe ist. Wenn man ein Haus perspektivisch richtig zeichnen will, dann können die rechten Winkel an seinen Ecken nicht durch rechte Winkel dargestellt werden. Sie müssen so spitz oder stumpf gezeichnet werden, wie die Gesetze der Perspektive es verlangen. Wir zeichnen alles nicht wie es ist, sondern wie es uns erscheint. Der Künstler bemüht sich, durch eine geschickte Aufeinanderfolge von Linien dem Beschauer auf einer Fläche einen Eindruck zu übermitteln, wie er von den dreidimensionalen Gegenständen hervorgebracht wird. Dieses ist möglich, weil die auf dem Bilde dargestellten Gegenstände dem Beschauer bereits bekannt sind, und er daher die erzeugte Suggestion annimmt. Jemand, der nie einen Baum gesehen hat, kann sich kaum eine Vorstellung davon machen, selbst wenn er die geschickteste Zeichnung vor sich hat. Wenn wir zu dieser Schwierigkeit die andere, weit größere, die der Begrenzung des Bewußtseins hinzufügen, und wenn wir dann das Bild einem Wesen zeigten, das nur zwei Dimensionen kennt, dann würden wir sehen, daß es ganz unmöglich ist, diesem eine einigermaßen genaue Vorstellung von einer Landschaft, wie wir sie sehen, zu übermitteln. Dieselbe Schwierigkeit haben wir in noch vergrößertem Maße zu überwinden, wenn wir versuchen, eine Zeichnung von einer selbst ganz einfachen Gedankenform zu machen. Das Bewußtsein der großen Mehrzahl derer, die das Bild betrachten, ist ganz auf die Wahrnehmung der drei Dimensionen beschränkt. Sie haben nicht einmal die geringste Vorstellung von der inneren Welt, der die Gedankenformen mit all ihrem Glanze und all ihrer Farbenpracht angehören. Wir können im besten Falle nur den Durchschnitt einer Gedankenform darstellen, und die, die die Fähigkeit haben, das Original zu sehen, müssen durch jeden Versuch einer Darstellung nur enttäuscht werden. Dennoch werden die, deren Sehvermögen zur Zeit noch unentwickelt ist, wenigstens ein teilweises Verständnis dadurch erlangen, und so unzulänglich es auch sein mag, ist es immerhin besser als gar keines. Alle theosophisch Strebenden wissen, daß das, was man die menschliche Aura nennt, der äußere Teil der wolkenartigen Substanz seiner feineren Körper ist, die sich gegenseitig durchdringen und über die Grenzen seines Physischen Körpers, des kleinsten von allen, hinausragen. Sie wissen auch, daß hauptsächlich

8

zwei von ihnen, der Mentalkörper und der Begierdenleib, bei dem Sichtbarwerden der sogenannten Gedankenformen in Betracht kommen. Um die Darlegungen allen, und nicht nur denen, die mit theosophischen Lehren bereits bekannt sind, klar zu machen, dürfte eine Wiederholung der wichtigsten Punkte dieser Lehren am Platze sein.

Der Mensch, d. h. der Denker, ist in einen Körper gehüllt, der aus unzähligen Verbindungen von feinem Stoffe des Mentalplanes gebildet ist. Dieser Körper ist je nach seinen Bestandteilen mehr oder weniger fein und somit je nach dem Grade seiner geistigen Entwicklung, die er selbsttätig erreicht hat, mehr oder weniger für seine Funktionen geeignet.

Die Kenntnis der 7 Grundelemente des Menschen muß natürlich vorausgesetzt werden. Wir fügen der neuen Auflage eine Aufstellung dieser Prinzipien bei:

Atma	Geist.
Buddhi	Geistige Seele.
Höheres Manas . . .	Kausal- oder Ursachenkörper, Sitz des Ego, Region der Urbilder, Urkräfte.
Niederes Manas . . .	Mental oder Denkkörper, Intellekt, Region der konkreten Gedanken.
Kama	Astral- oder Begierdenkörper.
Linga Sharira	Ätherkörper.
Stula Sharira	Physischer Körper†).

Über diese 7 Körper oder Welten schreibt Max Heindel in seinen Rosenkreuzerischen Unterrichtsbriefen: »Wir müssen aber sorgsam festhalten, daß diese Welten nicht eine über der anderen stehen, wie sie durch das Diagramm dargestellt sind, sie durchdringen einander . . . . Ebenso müssen wir uns vorstellen, daß jede höhere Welt das Kraftschema für die nächstdichtere gibt.«

---

†) Da die verschiedenen Forscher die menschliche Natur von verschiedenen Gesichtspunkten aus eingeteilt haben, ist zum vergleichenden Studium eine Reihe solcher Darstellungsformen in der ersten vollständigen deutschen Ausgabe des »Schlüssels zur Theosophie« von H. P. B. zusammengestellt worden. S. 79—83. Red.

Über die Gedankenwelt schreibt Max Heindel unter anderem: »Auch die Gedankenwelt (Höheres und Niederes Manas) besteht wieder aus 7 Regionen von verschiedenen Eigenschaften und Dichtigkeiten, und sie zerfällt wie die Physische Welt in 2 Hauptabteilungen: das Gebiet der konkreten Gedanken (Niederes Manas), das die 4 dichtesten Regionen umfaßt, und das Gebiet der abstrakten Gedanken (Höheres Manas), das die 3 Regionen der feinsten Substanz umfaßt . . . . . In der Gedankenwelt begegnen sich Körper und Geist. Es ist das höchste der Reiche, in denen die gegenwärtige menschliche Entwicklung vor sich geht, während die zwei höheren Welten uns Menschen jetzt noch nicht erschlossen sind . . . . Die Region der konkreten Gedanken liefert die Gedanken-Materie, in der sich die in der Region der abstrakten Gedanken entstandenen Ideen als Gedankenformen äußern, um als Regulatoren und Schwungräder die Antriebe zu regeln, die in der Begierden-Welt (Astralwelt) durch Ursachen aus der Physischen Welt erzeugt werden . . . . . Fassen wir die verschiedenen Unterabteilungen des Gedanken-Reiches einzeln ins Auge, so finden wir in der niedersten, »Kontinentale Region« genannten Abteilung, die Urtypen der Physischen Körper, ohne Unterschied welchem Reiche sie angehören . . . . . Die zweite Unterabteilung der Region der konkreten Gedanken ist die »Ozeanische Region«. Am besten beschreibt man sie als fließende, pulsierende Lebenskraft. Hier findet man als Ur-Typen alle die Kräfte, die durch die 4 Äthergattungen der Ätherregion wirksam sind . . . Die »Luftregion« ist die dritte Abteilung des Reiches der Region der konkreten Gedanken. Hier finden wir die Urtypen der Begierden, Leidenschaften, Wünsche, Gefühle und Erregungen, die wir in der Begierdenwelt haben . . . . . Die Region der »Kraft-Urbilder« ist die 4. Abteilung der konkreten Gedankenregion . . . . . Diese Region wird zu einer Art »Kreuz«, das an der einen Seite durch die Welten der Geister, an der anderen durch die Welten der Formen begrenzt wird. Sie ist der Brennpunkt, durch den sich der Geist in der Materie spiegelt (Intellekt). Wie schon der Name sagt, ist diese Region die Stätte der Kraft-Urbilder, die die Tätigkeit der Ur-Typen in der Region der konkreten Gedanken lenken. Aus dieser Region wirkt der Geist formend auf die Materie. Beigefügtes Diagramm zeigt diese Idee schematisch, man sieht, daß die Formen der niederen Welt Spiegelungen des Geistes der höheren Welten sind. Die 5. Region, die dem Brennpunkte am nächsten liegt, spiegelt sich in der 3. die dem Brennpunkte auf der Körperseite am nächsten liegt; die 6. spiegelt sich in der 2. und die 7. in der 1. Die Gesamtheit der abstrakten Gedankenregion spiegelt sich in der Welt der Begierden. Die Welt des Lebens-Geistes (Buddhi) in der Ätherregion der Physischen Welt und die Welt des Göttlichen Geistes (Atma) in der chemischen Region der Physischen Welt«.

10

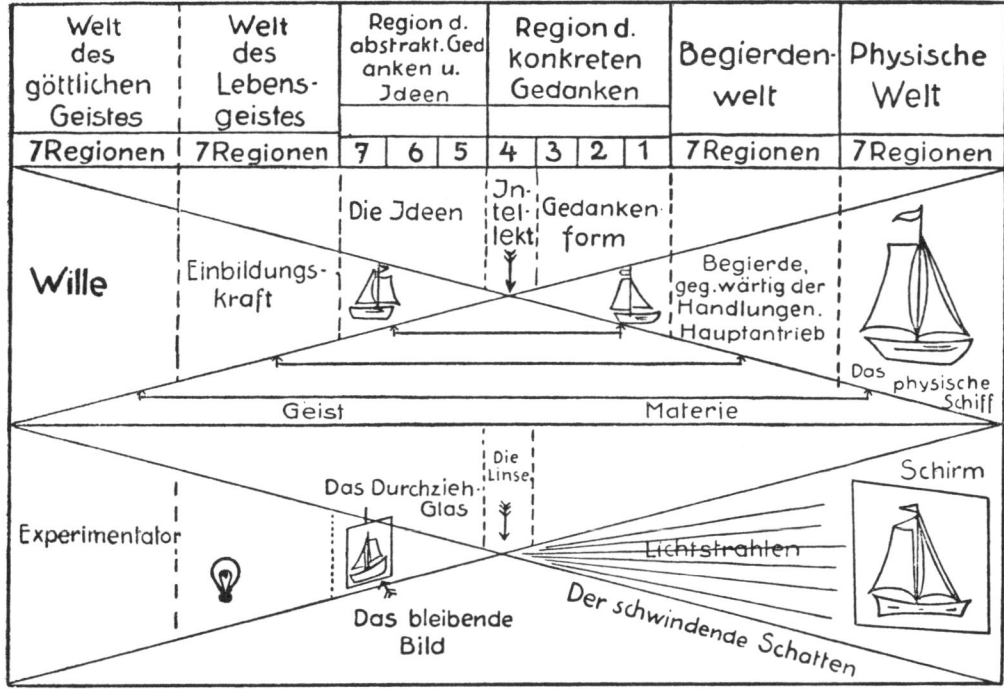

Welt des göttlichen Geistes	Welt des Lebensgeistes	Region d. abstrakt. Gedanken u. Jdeen			Region d. konkreten Gedanken			Begierdenwelt	Physische Welt
7 Regionen	7 Regionen	7	6	5	4	3	2	1	7 Regionen	7 Regionen

Der Mentalkörper ist von großer Schönheit,*) da ihn die Zartheit und schnelle Bewegung seiner Teilchen wie lebendes, fließendes Licht erscheinen lassen, und diese Schönheit steigert sich zu einer außerordentlich strahlenden und bezaubernden Lieblichkeit, wenn der Verstand höher entwickelt ist und sich hauptsächlich mit reinen und erhabenen Problemen beschäftigt. Jeder Gedanke veranlaßt eine Anzahl zusammenhängender Schwingungen in der Materie dieses Körpers, die von einem wunderbaren Farbenspiele begleitet sind, ähnlich dem Sprühregen eines Wasserfalles, der vom Sonnenlichte getroffen wird. Seine Farbenpracht

*) Siehe: Der sichtbare und der unsichtbare Mensch, Tafel V, VIII, XXI. Verlag H. Bauer, Freiburg i. Br.

und wunderbare Schönheit ist über alle Vorstellung erhaben. Der Körper, der seine Form der Natur der Schwingungen verdankt, stößt, durch die Willenskraft beeinflußt, einen vibrierenden Teil seiner selbst ab und zieht dann — ebenso wie der Klang eines bestimmten Tones Sandfiguren auf einer in Schwingungen versetzten Scheibe hervorruft — aus der ihn umgebenden Atmosphäre, aus der Elementaressenz der Mentalwelt, Materie an, die ihm an Feinheit gleichkommt. Wir haben dann eine reine, einfache Gedankenform, d. h. ein Lebewesen von ausgedehnter Wirkungskraft, beseelt durch die eine Idee, die sie erzeugt hat. Wir wollen später auf die Einzelheiten der Anwendung dieser Kräfte eingehen. Wenn die menschliche Willenskraft nach außen strömt, und auf äußere Gegenstände, die seine Wünsche erregen, gerichtet ist, oder wenn sie sich in Leidenschaften und Gemütserregungen auswirkt, dann betätigt sie sich in einer gröberen Art von Materie als der mentalen, nämlich in der Astralwelt. Der sogenannte Begierdenkörper besteht aus diesem Stoffe, und er bildet auch den größten Teil der Aura beim unentwickelten Menschen. Gehört der Mensch einem gröberen Typus an, dann besteht sein Begierdenkörper aus der dichteren Materie des Astralplanes und ist von dunkler Färbung, die größtenteils trübe, braune, schmutziggrüne und rote Töne aufweist. Bei leidenschaftlicher Erregung strahlen verschiedene charakteristische Farben durch diese Grundfarben hindurch. Der Begierdenkörper eines höher entwickelten Menschen besteht aus den feineren Bestandteilen des Astralstoffes, und die Farben, die ihn wellenförmig und blitzartig durchzucken, sind feingetönt und leuchtend.*) Trotzdem er nicht so zart und glänzend ist, wie der Mentalkörper, ist er dennoch farbenprächtig, und in dem Maße, wie die Selbstsucht abnimmt, verschwinden auch die trüben und schweren Schatten.

Dieser Begierden- oder Astralkörper bringt eine zweite Klasse von Wesenheiten hervor, die auf den Astralplan beschränkt sind, in ihrem allgemeinen Aufbaue aber bereits beschriebenen Gedankenformen gleichen. Sie verdanken ihre Entstehung dem Gemüte, wenn es unter der Herrschaft der Tiernatur steht, und werden durch die Tätigkeit des niederen Verstandes erzeugt, der durch den Astralkörper wirkt. In theosophischer Ausdrucksweise nennen wir es die Tätigkeit des Kama-Manas oder des Gemütes, des Ichs unter der Herrschaft des Wunsches. Es werden Schwingungen in dem Begierden- oder Astralkörper hervorgerufen, und in diesem Schwingungszustande stößt er einen vibrierenden Teil seiner selbst ab, dessen Form wie in dem vorerwähnten Falle durch die Natur der ihm zugrunde liegenden Schwingungen beeinflußt wird. Ihr Körper besteht aus dieser Elementaressenz, und ihre belebende Seele aus dem Wunsche oder der Leidenschaft, die sie hervorgebracht hat. Die Kraft der Gedankenform steht in direktem Verhältnisse zu der Denkkraft, die mit diesem Wunsche oder dieser Leidenschaft verbunden ist. Diese Formen werden, ebenso wie die des Mentalplanes, künstliche Elementarwesen genannt. Es sind die am allerhäufigsten vorkommenden, da die Gedanken der Männer und

---

*) Der sichtbare und der unsichtbare Mensch, Tafel VI, IX, XXII. Verlag H. Bauer, Freiburg i. Br.

Frauen der Gegenwart fast durchgängig durch Wunsch, Leidenschaft oder Gefühl gefärbt sind.*)

---

*) Der Astral- und der Mentalkörper oder unser Gefühls- und Gedankenleben stehen in einer sehr engen Beziehung zu einander, und die Frage, wie weit das eine von dem anderen abhängig ist, ist bereits häufig aufgeworfen worden. Vielfach wird behauptet, das Denken empfange seinen Anstoß durch die Empfindung, und — im Gegensatz dazu — es empfange den Anstoß von innen her, durch den Erkenner (Ego). Diese beiden Ansichten vereinigt bringen uns dem Wesen der Denkfähigkeit erst näher. Die Empfindung ist gewissermaßen der anregende Teil. Erst sobald in uns eine Beziehung hergestellt wird zu dieser Empfindung, wird sie als solche wahrgenommen, und der Gedanke entsteht. Diese Beziehung herzustellen ist aber nur dem Erkenner in uns möglich. Mabel Collins sagt: »Beachte die Empfindung«, denn nur bei genauer Beobachtung der Empfindungen, können auch genaue Beziehungen hergestellt werden, kommt ein geordnetes, logisches Denken zustande. Selbstverständlich müssen diese Empfindungen völlig frei von jeder persönlichen Regung beobachtet werden. Red.

DIE BEIDEN WIRKUNGEN DES GEDANKENS

Jeder ausgeprägte Gedanke bringt eine doppelte Wirkung hervor — eine leuchtende Schwingung*) und eine schwebende Form. Der Gedanke selbst erscheint dem Hellseher zuerst wie eine schwingende Bewegung im Mentalkörper. Er ist entweder einfach oder zusammengesetzt. Wenn der Gedanke durchaus einfach ist, dann ist nur ein Schwingungszustand in Tätigkeit, und nur eine Art des Mentalstoffes wird stark in Mitleidenschaft gezogen. Der Mentalkörper besteht aus Materie von verschiedenen Dichtigkeitsgraden, die wir gewöhnlich nach den Unter-Plänen einteilen. Von jedem dieser Dichtigkeitsgrade gibt es viele Unterabteilungen, und wir stellen sie bildlich dar, indem wir wagerechte Linien ziehen, um die verschiedenen Dichtigkeitsgrade zu unterscheiden; wir können auch senkrechte Linien rechtwinklig zueinander ziehen, um Formen anzudeuten, die sich so-

---

*) Wenn eine Einheit sich differentiiert, sich zu teilen beginnt, so entsteht Bewegung — Leben. Bewegung erscheint in der Materie als Schwingung. Jede Bewußtseins-Einheit ist in ihre besondere Hülle von Materie eingeschlossen und ist so getrennt von den übrigen Bewußtseins-Einheiten. Jede Bewußtseins-Einheit verursacht die Schwingung, die ihre Hülle dann hervorbringt. Die Schwingungen der verschiedenen Hüllen treffen sich gegenseitig, so daß jeder Bewußtseins-Einheit ständig durch ihre Hülle Schwingungen anderer Bewußtseins-Einheiten übertragen werden. Die durch die Hülle übermittelte Schwingung kann nie rein als solche erfaßt werden, sondern immer nur als ein Zusammenklang der eigenen Schwingung mit der fremden. Hieraus geht hervor, wie wichtig die Selbsterkenntnis als Grundlage jeder wahren Forschung ist. Red.

wohl in der Beschaffenheit, wie in der Dichtigkeit voneinander unterscheiden. Es gibt viele Verschiedenheiten innerhalb dieses Mentalstoffes, und man weiß, daß jede Art ihren besondern und entsprechenden Schwingungs-Rhythmus hat, auf den sie besonders gestimmt scheint. Wenn ein starker Gedanke oder ein Gefühl sie aus ihrem Gleichgewichte gebracht hat, dann sucht sie ihren ursprünglichen Schwingungs-Rhythmus wieder anzunehmen. Wenn z. B. eine plötzliche Gefühlswelle sich über einen Menschen ergießt, gerät sein Astralkörper in heftige Bewegung, und die ursprünglichen Farben werden zeitweise ganz durch wolkenartig auftretendes Karminrot, Blau oder Scharlachrot verdunkelt; je nach der Art des Schwingungs-Rhythmus jener besonderen Gemütsbewegung.*) Diese Veränderung ist jedoch nur vorübergehend; sie verschwindet in wenigen Sekunden, und der Astralkörper nimmt rasch seinen gewöhnlichen Zustand wieder an. Jedoch bringt eine jede derartige Gefühlswelle auch eine bleibende Wirkung hervor: sie fügt der normalen Farbe des Astralkörpers immer etwas von ihrer Färbung hinzu, so daß, wenn sich der Mensch einer gewissen Gemütsbewegung hingibt, es für ihn jedesmal leichter wird, ihr aufs neue nachzugeben, weil sein Astralkörper sich daran gewöhnt hat, in diesem besondern Rhythmus zu schwingen.**)

Die meisten Gedanken der Menschen sind indessen nicht

---

*) Der sichtbare und der unsichtbare Mensch. Tafel X, XI, XII, XIII.
**) Daher die große Bedeutung der Wiederholung, der Regelmäßigkeit der Übungen für jeden Strebenden. Red.

einfach. Es gibt natürlich reine Gedanken; aber meist sind sie mit Stolz oder Selbstsucht, mit Eifersucht oder mit tierischer Leidenschaft gefärbt. Das ist ein Zeichen, daß wenigstens zwei verschiedene Strömungen im Mental- und Astralkörper sich zeigen, ja sogar oft mehr als zwei. Die leuchtende Schwingungsform muß daher eine zusammengesetzte sein, und die sich ergebende Gedankenform wird mehrere Farben anstatt einer einzigen zeigen.

DIE WIRKUNG DER SCHWINGUNGEN

Die leuchtenden Schwingungen verlieren, wie alles in der Natur, an Stärke, wenn sie sich von ihrem Ausgangspunkte entfernen. Wahrscheinlich steht die Veränderung wegen der hierbei noch in Rechnung zu ziehenden Dimension, im Verhältnisse zum Kubus und nicht zum Quadrate ihrer Entfernung. Das heißt, die Gedankenwellen streben danach, in dem Gemüte des Menschen, dessen Mentalkörper sie beeinflussen, Gedanken der nämlichen Art wachzurufen, wie die, die zuerst in dem Geiste ihres Erzeugers aufgestiegen sind. Die Entfernung, bis zu der diese Gedankenwellen hinausstrahlen, und die Kraft und Beständigkeit, mit der sie die Mentalkörper anderer berühren, hängt von der Stärke und Klarheit des ursprünglichen Gedankens ab.

Bei den meisten Menschen ist das Denken ein von ihnen vollständig unbeherrschter Vorgang. Die Gedanken flattern ständig hin und her, die schwächlichen Ansätze zu Gedankenfolgen werden immer wieder durchbrochen. Die Schwingungen, die so erzeugt werden, sind infolgedessen kraftlos und nicht imstande, eine präzise Gedankenform zu bilden. Ein Denken von großer Schärfe, Tiefe und Konzentration schafft Schwingungen, die imstande sind, den die Zirbeldrüse durchdringenden Äther in Schwingung zu versetzen. Es entsteht dann ein schwacher magnetischer Strom, den der Denkende wie ein leichtes Prickeln empfindet. Ist dieser Strom zustande gekommen, so ist es ein Beweis, daß der Schwingung wirklich Trag- und Übertragungs-Kraft innewohnt. Die Ätherwellen, die schneller und kürzer sind als Lichtwellen, setzen sich nun weiter fort und können auf den die Zirbeldrüse durchdringenden Äther anderer Gehirne einwirken. Es ist nicht unbedingt erforderlich, daß ein Gedanke sich durch das Mittel der ätherischen Wellen fortpflanzt, er kann sich auch durch rein mentale Schwingung übertragen. Hierzu muß aber das Bewußtsein auf den Mentalplan versetzt werden können. Deshalb unterscheidet man Telepathie und Suggestion voneinander. Je größer die Stärke und Präzision eines Gedankens ist, um so stärker überträgt er sich auf die Allgemeinheit.

Gedanken des Vertrauens, der Hoffnung, der Liebe, die so ausgesandt werden, können stärkend und belebend nicht nur auf die nächste Umgebung, sondern auch auf ein ganzes Volk und durch dieses auf die Menschheit wirken. Die öffentliche Meinung und die spezifische Denkart der einzelnen Völker wird so durch das Auffangen von Gedankenwellen, durch Anziehung oder Abstoßung bestimmter Schwingungen verursacht.

So ist der Denker in derselben Lage wie der Redner, dessen Stimme in der Luft Tonwellen in Bewegung setzt, die nach allen Richtungen ausgehen und allen, die sich in seiner Hörweite befinden, seine Botschaft vermitteln. Die Entfernung, bis zu der seine Stimme zu dringen vermag, hängt von der Kraft und der Klarheit seiner Aussprache ab. Ein starker Gedanke wird naturgemäß sehr viel weiter dringen als ein schwacher und unbestimmter, aber Klarheit und Zielsicherheit sind noch von größerer Bedeutung als Stärke. Ebenso wie ein Redner tauben Ohren predigt, wenn seine Zuhörer an ihre persönlichen Angelegenheiten denken, so kann auch eine starke Gedankenwoge vorüberrauschen, ohne das Gemüt des Menschen zu berühren, der seinen Gedanken bereits eine andere Richtung gegeben hat.

Man muß nun verstehen, daß diese strahlenden Schwingungen wohl den Charakter, aber nicht den Gegenstand des Gedankens übermitteln. Wenn ein Hindu dasitzt und in tiefe Anbetung seines Heilandes versunken ist, dann regen die Gefühlswellen, die von ihm ausgehen, alle, die unter ihren Einfluß kommen, zu frommen Gefühlen an, obgleich sich bei einem Mohammedaner diese Andacht auf Allah, bei einem Parsen auf Ahuramazda und bei einem Christen auf Jesus erstreckt. Ein Mensch, der angespannt über einen hohen Gegenstand nachdenkt, strömt Gedankenwellen aus, die das Bestreben haben, in anderen ähnlich hohe Gedanken zu erwecken, aber sie machen jene anderen nicht mit dem besondern Gegenstande seines Denkens bekannt. Sie wirken natürlich mit besonderer Kraft auf die ein, die ihr Gemüt bereits an Schwingungen ähnlichen Charakters gewöhnt haben; sie haben jedoch eine entsprechende Wirkung auf jeden Mentalkörper, den sie treffen. Sie haben also die Tendenz, die Kraft zu höheren Ideen auch in den Menschen zu erwecken, in denen sie bisher noch nicht in Erscheinung getreten ist. Es ist also offenbar, daß ein jeder edel denkende Mensch, wenn auch unbewußt, der ganzen Menschheit dient.

DIE FORM UND IHRE WIRKUNG

Wir wollen uns jetzt zur zweiten Wirkung des Gedankens, der Hervorbringung einer bestimmten Form, wenden. Alle Schüler der Theosophie wissen von der Tatsache der Elementaressenz, dieses merkwürdigen, halb intelligenten Lebens, das uns überall umgibt und die Materie des Mental- und des Astralplanes belebt. Dieser so belebte Stoff reagiert sehr leicht auf den Einfluß menschlicher Gedanken, und jeder entweder vom Mental- oder Astralkörper ausgesandte Impuls bildet sich sofort eine zeitweilige Hülle aus diesem vitalen Stoffe. Ein solcher Gedanke oder Impuls wird eine Zeitlang ein lebendes Wesen, dessen Seele die Gedankenkraft, und dessen Körper die belebte Materie ist. Theosophische Schriftsteller nennen diesen Astral- oder Mentalstoff, der von der monadischen Essenz auf dem Plane eines der Elementarreiche belebt wird, der Kürze wegen einfach »Elementaressenz«, und bisweilen nennen sie Gedankenformen ein »Elemental«.*) Groß ist die Mannigfaltigkeit dieser Elementarwesen oder Gedankenformen in Farbe und Gestalt; denn jeder Gedanke bekleidet sich mit der Materie, die seiner Natur gemäß ist, und versetzt sie in einen mit ihm harmonisierenden Schwingungszustand. So bestimmt also der Charakter eines Gedankens seine Farbe, und die Beobachtung seiner Veränderungen und Verbindungen ist in hohem Grade lehrreich.

Diese Gedankenformen könnte man vielleicht ganz treffend

---

*) Neuerdings sagt man auch, mehr an die körperlichen Wirkungen denkend: Komplex. (Red.)

mit Leydener Flaschen vergleichen. Die Hülle der lebenden Essenz stellt die Batterie, und die Gedankenkraft — die aufgespeicherte Elektrizität dar. Richtet sich nun der Gedanke oder das Gefühl des Menschen auf eine besondere Person, dann strömt die sich ergebende Gedankenform zu ihr hin und entladet sich in deren Astral- resp. Mentalkörper. Wenn der Gedanke des Menschen sich auf ihn selbst richtet oder auf einem persönlichen Empfinden beruht, wie es bei der überwiegenden Mehrheit der Gedanken der Fall ist, dann schweben die so erzeugten Gedankenformen um ihre Urheber und sind immer bereit, auf sie einzuwirken, sowie sie sich in passivem Zustande befinden. So kann z. B. ein Mensch, der sich unreinen Gedanken hingibt, alles um sich her vollständig vergessen, wenn er seine tägliche Arbeit verrichtet. Er ist sich der von ihm erzeugten Gedankenformen, die ihn wie eine dichte Wolke umgeben, dann nicht bewußt, da seine Aufmerksamkeit abgewandt ist, und sein Astralkörper daher von keiner anderen Gedankenschwingung als seiner eigenen berührt werden kann. Wenn jedoch diese Gedankenschwingung nachläßt, und der Mensch sich von seiner Arbeit ausruht, dann wird er höchstwahrscheinlich die Schwingungen der unreinen Gedankenempfindungen, die auf ihn einstürmen, wieder fühlen, da sein Inneres nun gedankenleer ist, sich also mit keinem bestimmten Gedanken beschäftigt.*) Wenn

---

*) Der Schüler der Theosophie, der sich im richtigen Denken schult, übt sich ebenfalls darin, das Denken, wenn erforderlich, auszuschalten. Das Gehirn bedarf ebenso sehr der Erholung, wie die übrigen Organe des menschlichen Körpers, und darum ist es erforderlich, daß

das Bewußtsein dieses Menschen bereits geweckt ist, dann wird er sie wahrnehmen und meinen, daß er vom Bösen versucht wird. Die Versuchung kommt aber nur scheinbar von außen, sie ist nichts andres als die natürliche Wirkung seiner eigenen Gedankenformen. So wandert gleichsam jeder Mensch innerhalb eines selbstgeschaffenen Käfiges durch den Raum, d. h. er ist von einer wogenden Flut selbsterzeugter Gedankenformen umgeben. Durch sie hindurch blickt er in die Welt, und so kommt es, daß er alles durch seine vorherrschenden Gedankenrichtungen gefärbt anschaut, und alle Gedankenschwingungen, die ihn von außen berühren, mehr oder weniger durch seinen eigenen Rhythmus modifiziert werden. So sieht also der Mensch, solange er seine Gedanken und Gefühle nicht vollkommen

---

man nach angestrengter Denktätigkeit imstande ist, das Denken für eine Zeit auszuschalten oder umzustellen. Dieses ist zuerst nicht leicht. Die natürlichen, von den Menschen unbewußt geübten Methoden sind: Umstellung der äußeren Tätigkeit, z. B. von Kopfarbeit zu Garten- und Hausarbeit oder umgekehrt, Umstellung vom Wachzustand zum Zustande des Tiefschlafes. Ist der Strebende imstande, diese Umstellungen bewußt und zielsicher vorzunehmen, so wird ihm auch noch eine leichtere Methode zugänglich. Er vermag seine Denktätigkeit willkürlich für kurze Zeit völlig auszuschalten. Hier kann die Vorstellung einer großen Stille, eines leeren Raumes oder der Dunkelheit zur Hilfe genommen werden. Der Übende wird für seine Bemühungen reichlich belohnt werden, durch erhöhte Leistungsfähigkeit seiner Denktätigkeit und durch das Gefühl der Ruhe und des Friedens, das sich, wenn er sein Denken auszuschalten versteht, einstellen wird. Vollständige Beherrschung des Denkens tritt erst auf Stufe III ein, bei der Vereinigung des Ich mit dem Mysterium, dann denkt die kosmische Weisheit im Ich, der Mensch wird weise. (Red.)

beherrschen kann, nicht die wirklichen Tatsachen, da er alles durch diese Gedankenwolke beobachtet, die wie ein trübes Glas alles entstellt und färbt.

Gedankenformen, die weder persönlicher Natur, noch an irgend jemand gerichtet sind, bewegen sich frei im Raume. Sie erzeugen fortwährend ähnliche Schwingungen, wie sie ihr Schöpfer ursprünglich aussandte. Kommen sie mit keinem anderen Mentalkörper in Berührung, dann erschöpft sich ihr Kraftvorrat allmählich; wenn sie aber in einem anderen, in der Nähe befindlichen Mentalkörper sympathische Schwingungen hervorrufen, dann werden sie von diesem angezogen und gewöhnlich von seinem Mentalkörper absorbiert. So sehen wir, daß der Einfluß der Gedankenform keineswegs so weitreichend ist wie die ursprüngliche Gedankenschwingung; aber in ihrer Wirkung ist sie viel bestimmter. Das, was sie in dem Mentalkörper hervorruft, den sie beeinflußt, ist nicht nur ein Gedanke von ähnlicher Art wie sein Erzeuger: es ist genau derselbe Gedanke. Diese Ausstrahlung kann Tausende treffen und in ihnen Gedanken, die auf derselben geistigen Höhe wie der ursprüngliche ist, erzeugen, und doch kann es vorkommen, daß keiner von ihnen dem Originale gleicht. Die Gedankenform dagegen kann nur ganz wenige treffen, aber in den wenigen Fällen wird sie genau den ursprünglichen Gedanken wieder hervorrufen.

Die Tatsache der Schwingungs-Erzeugung einer bestimmten geometrischen oder andern Form ist jedem Kenner der Akustik vertraut, und diese Chladnischen Figuren werden in jedem physikalischen Laboratorium beständig gezeigt.

24

Dem gebildeten Leser mag folgende kurze Beschreibung von Nutzen sein. Der Rand einer Chaldnischen, tönenden Platte (Fig. 1) aus Messing oder Spiegelglas, auf deren Oberfläche feine Sandkörner oder Sporenstaub gestreut werden, wird mit einem Bogen ge- strichen. Der Sand wird durch die Schwingung der Platte in die Luft ge- worfen, und beim Zurückfallen ordnet er sich zu regelmäßigen Linien.

Fig. 1.

Fig. 2. Berührt man beim Streichen den Rand der Platte

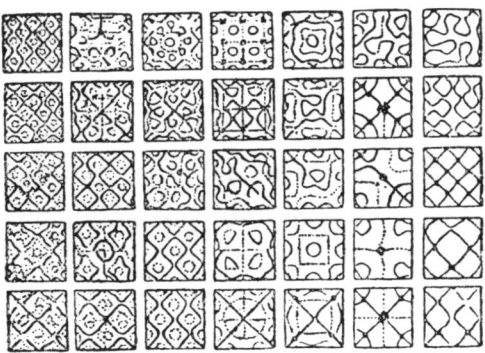

Fig. 2.

an verschiedenen Stellen, so entstehen Töne, und infolge- dessen verschiedenartige Formen. Fig. 3. Vergleicht man

Fig. 3.

25

nun die hier gegebenen Figuren mit denen der menschlichen Stimme, so wird man viele Übereinstimmungen beobachten können.   Näheres hierüber finden wir in dem empfehlenswerten Werke »Stimmformen«, die Frau Watts Hughes*) in so wunderbarer Weise beschrieben und gezeichnet hat.   Es sollte im Besitze eines jeden Psychologen sein.

Es wissen vielleicht wenige, daß die gezeichneten Figuren durch die Schwingungen hervorgerufen werden, die sie erzeugt haben, und daß eine Maschine existiert, durch die zwei oder mehrere gleichzeitige Bewegungen einem Pendel mitgeteilt werden können, und daß, wenn man einen feinen Bleistift an einen Hebel bindet, der mit dem Pendel zusammenhängt, man seine Bewegungen genau notieren kann. Setzen wir nun an Stelle der Pendelschwingungen die Schwingungen, die im Mental- oder Astralkörper erzeugt werden, dann haben wir die Wirkungsweise der Erzeugung durch Schwingungen**) klar vor uns.

Die folgende Beschreibung ist einer sehr interessanten Abhandlung »Vibrations Figuren« von F. Bligh Bond, F. R. I. B. A., der eine Anzahl interessanter Figuren mit Hilfe eines Pendels gezeichnet hat, entnommen.***) Das Pendel ist an Messerschneiden von gehärtetem Stahl aufgehängt, so daß

---

*) Margaret Watts Hughes, The Eidophone Voice Figures.
**) Joseph Gould, Stratford House, Nottingham lieferte das doppelt elliptische Pendel, durch das diese wundervollen Figuren hervorgebracht werden.
***) Eine solche Benutzung eines Pendels darf natürlich nicht mit der medialen Pendelpraktik, mit der heute leider so viel Unfug getrieben wird, verwechselt werden. Red.

26

es nur in rechtem Winkel zu seinem Hängepunkte frei schwingen kann.

Vier solche Pendel, die in rechtem Winkel zueinander schwingen, können paarweise an Fäden zusammengebunden werden, die die Schäfte jedes Pendelpaares mit den Enden einer leichten, aber steifen Stange, von deren Mittelpunkte andere Fäden herunterhängen, verbinden. Diese Fäden leiten die vereinigten Bewegungen jedes Pendelpaares zu einer leichten, viereckigen Holzplatte, die an einer Sprungfeder aufgehängt ist und eine Feder trägt. So wird die Feder von der gemeinsamen Bewegung der vier Pendel beeinflußt, und diese Bewegung wird von der Feder auf eine Zeichentafel notiert. Die Anzahl dieser so kombinierten Pendel kann unbeschränkt sein. Die Bewegungen sind gradlinig, aber zwei geradlinige Schwingungen von gleicher Weite, die rechtwinklig zueinander erfolgen, erzeugen einen Kreis, wenn sie genau miteinander abwechseln, und eine Ellipse, wenn die Schwingungen weniger regelmäßig sind, oder deren Umfang ungleich ist. Auch eine kreisförmige Schwingung kann von einem Pendel erlangt werden, das in einer rotierenden Bahn schwingt. Auf diese Weise sind eine Anzahl wundervoller Zeichnungen entstanden, und die Ähnlichkeit derselben mit gewissen Gedankenformen ist auffällig; sie genügen, um zu beweisen, wie schnell die Schwingungen sich in Figuren umwandeln können. So vergleichen Sie z. B. Abb. 4 mit Tafel 12, dem Gebet einer Mutter; Abb. 5 mit Tafel 10, oder Tafel 6 mit Tafel 25, der schlangenartig zugespitzten Form. Abb. 7 ist beigefügt als eine Erläuterung der erreichbaren komplizierten Verschlingungen. Es scheint uns sehr seltsam, daß einige diese Zeichnungen, die scheinbar ganz zufällig mit Hilfe dieser Maschine gemacht worden sind, den höheren Arten der während der meditativen Betrachtung gebildeten Gedankenformen entsprechen. Wir nehmen bestimmt an, daß diese Tatsache eine Fülle von Bedeutung hat, obwohl wir noch viel tiefer forschen müssen, ehe wir mit Bestimmtheit sagen können, daß wir die Bedeutung von alledem zu erkennen vermögen. Aber so viel ist sicher, daß, wenn zwei Kräfte auf dem physischen Plane, die in einem gewissen Verhältnisse zueinander stehen, eine Form zeichnen können, die genau der entspricht, die ein zusammengesetzter Gedanke auf dem Mentalplane hervorbringt, so können wir daraus folgern, daß dieser Gedanke auf seinem eigenen Plane zwei Kräfte in Bewegung setzt, die im selben Verhältnisse zueinander stehen. Was diese Kräfte sind, und wie sie wirken, bleibt noch zu erforschen, aber wenn wir je dahin kommen werden, dieses Problem ganz zu lösen, dann ist es wahrscheinlich, daß sich uns ein neues und äußerst wertvolles Reich der Wahrnehmung und der Erkenntnis erschließen wird.

Allgemeine Grundsätze

Drei allgemeine Grundsätze liegen der Entstehung aller Gedankenformen zugrunde:

1. Die Beschaffenheit des Gedankens bestimmt seine Farbe.

2. Die Natur des Gedankens bestimmt seine Form.

3. Die Bestimmtheit des Gedankens ist die Ursache der Schärfe seiner Umrisse.

DIE BEDEUTUNG DER FARBEN

In dem Buche »Der sichtbare und der unsichtbare Mensch«
ist die auf Seite XXVI stehende Farbentafel bereits eingehend
beschrieben worden. Die Bedeutung der Farben ist bei der
Gedankenform, wie bei den Körpern, aus denen heraus sie
entwickelt wird, dieselbe. Für die Leser, denen die Beschreibung in dem soeben erwähnten Buche nicht gegenwärtig ist, soll bemerkt werden, daß die schwarze Farbe
Haß und Bosheit bedeutet. Rot in allen Schattierungen,
vom blassen Ziegelrot bis zum glänzenden Scharlach, bedeutet Ärger. Der rohe Ausbruch des Ärgers zeigt sich
wie Strahlen von düsterem Rot aus dunkelbraunen Wolken,
während der Zorn aus edler Entrüstung ein lebhaftes durchaus
nicht unschönes Scharlachrot ist, obgleich es eine sehr unangenehme Empfindung auslöst. Ein besonders dunkles und
unangenehmes Rot, fast die Farbe, die man »Drachenblut«
nennt, zeigt tierische Leidenschaft und sinnliches Verlangen
verschiedener Art an. Hellbraun bedeutet Habsucht. Ein
hartes, trübes Braungrau ist ein Zeichen von Selbstsucht —
eine Farbe, die leider sehr verbreitet ist. Ein dunkles, trübes
Grau bedeutet Niedergedrücktheit, während ein fahles,
bleiches Grau mit Furcht verbunden ist. Graugrün bedeutet
Täuschung, während Braungrün (gewöhnlich mit scharlachroten Punkten und Strahlen durchzogen) ein Zeichen von
Eifersucht ist. Grün scheint immer Anpassungsfähigkeit
anzuzeigen; in einer seiner niedrigsten Äußerungen, wenn
es mit Selbstsucht gemischt ist, wird diese Anpassungsfähigkeit zum Betruge; in einem höheren Stadium, wenn die Farbe

reiner wird, bedeutet sie den Wunsch: allen Menschen alles sein zu wollen, selbst nur, um populär zu werden und einen guten Ruf zu haben; wenn sie noch feiner, zarter und glänsender ist, dann zeigt sie die göttliche Macht der Sympathie an. Liebe zeigt alle Schattierungen von Purpurrot und Rosa; ein helles Karminrot bedeutet eine starke, gesunde Liebe von normaler Beschaffenheit; ist es mit Braungrau vermischt, so zeigt es ein selbst- und habsüchtiges Gefühl an, während reines Blaßrosa jene durchaus selbstlose Liebe bedeutet, die nur edlen Naturen eigen ist; es bewegt sich vom trüben Karminrot der tierischen Liebe bis zu den allerzartesten Schattierungen von Hellrosa, wie die frühen Strahlen des Morgenrotes, wenn die Liebe allmählich rein von allen selbstsüchtigen Motiven wird und sich in immer weitere Kreise von großmütiger, überpersönlicher Zartheit und Mitleid allen Notleidenden gegenüber ergießt. Mit einem Scheine des Blaues der Ergebung gemischt, kann dieses eine starke Verwirklichung der allgemeinen Menschenliebe ausdrücken. Tiefes Orange zeigt Stolz oder Ehrgeiz an, und die verschiedenen Schattierungen von Gelb bedeuten Verstand oder Freude an intellektuellen Dingen. Trübes Okergelb zeigt an, daß diese Fähigkeiten zu selbstsüchtigen Zwecken benutzt werden. Helles Gummigutt zeigt einen entschieden höheren Denk-Typus an, während helles Zitronengelb (oder das helle Gelb der Schlüsselblume) ein Zeichen des höchsten und selbstlosesten Gebrauches von intellektueller Kraft ist, da sich die reine Vernunft auf die höchsten geistigen Ziele richtet. Die verschiedenen Schattierungen von Blau sind der Gradmesser für die Religiosität; man

30

findet alle Abstufungen von dunklem Braunblau der selbstsüchtigen Frömmigkeit oder dem blassen Graublau der
mit Furcht gemischten Bilderverehrung bis zu der reichen,
tiefklaren Farbe der ehrfurchtsvollen Anbetung, und dem
schönen Himmelblau jener höchsten Form, die hingeben-
de Selbstentsagung und Vereinigung mit dem allgegenwärtigen Urwesen in sich schließt. Der fromme Gedanke
eines reinen Herzens ist so lieblich in der Farbe wie das
tiefe Blau eines Sommerhimmels. Durch diese blauen
Wolken scheinen oft goldene Sterne von großem Glanze
hindurch, die wie ein Funkenschauer nach oben sprühen.
Eine Mischung von Liebe und Ergebung gibt sich durch
eine violette Färbung kund, und ihre zarteren Schattierungen
zeigen ohne Ausnahme die Fähigkeit an, ein hohes und schönes
Ideal in sich aufnehmen und darauf hinsteuern zu können.
Der Glanz und die Tiefe der Farben sind gewöhnlich ein
Maßstab für die Inbrunst und die Wirksamkeit des Gefühles.
Ein wichtiger Umstand, der nicht vergessen werden darf,
ist die Art der Materie, aus der diese Formen gebildet werden.
Ist ein Gedanke rein verstandesmäßig, (z. B. wenn der Denker versucht, eine algebraische oder geometrische Aufgabe
zu lösen) so sind die Gedankenform und der Schwingungs-
Rhythmus gänzlich auf den Mentalplan beschränkt. Ein
Gedanke geistiger Natur dagegen, wenn er mit Liebe und
Aspiration oder mit tiefem, selbstlosem Empfinden vermischt ist, wird von dem Mentalplane aufsteigen und viel
von dem Glanze und der Pracht des buddhischen Planes
aufnehmen. In diesem Falle ist sein Einfluß ganz besonders

mächtig*), und jeder derartige Gedanke ist eine große Kraft im Guten, der auf alle Mentalkörper, die in sein Bereich kommen, eine nachhaltige Wirkung ausübt, wenn sie überhaupt irgendwie die Fähigkeit besitzen, darauf zu reagieren. Gedanken, die etwas selbstsüchtiger oder persönlicher Natur sind, wenden sich ihrer Neigung gemäß abwärts und bekleiden sich außer ihrer mentalen Hülle noch mit einem Körper aus astralem Stoffe. Eine solche Gedankenform ist fähig, sowohl auf die Astralkörper anderer Menschen, wie auch auf ihre Gemüter zu wirken, so daß sie nicht nur Gedanken in ihnen erwecken, sondern auch ihre Gefühle und Impulse zu wecken vermögen.

---

*) Weil hier alle Menschen und alle Wesen als eins, alle Monaden als die göttliche Monade erlebt werden. Red.

DREI KLASSEN VON GEDANKENFORMEN

Vom Standpunkte der Formen aus, die von Gedanken hervorgebracht werden, können wir sie in drei Klassen einteilen:

1. Der Gedanke, der das Bild des Denkers annimmt. Wenn ein Mensch sich an irgend einen entfernten Ort hindenkt oder sehr wünscht, dort zu sein, dann bildet er eine Gedankenform von seinem Bilde, die dort erscheint. Solche Formen sind öfters von andern gesehen worden, und man hat sie bisweilen für die Astralkörper oder für Erscheinungen des Menschen selbst gehalten. In solchem Falle muß der Forscher entweder hellsehend genug sein, um diese Astralform zu bemerken, oder die Gedankenform muß Kraft genug besitzen, sich selbst zu materialisieren, d. h. sie muß vorübergehend eine gewisse Menge physischer Materie anziehen. Ein Gedanke, der eine solche Form hervorzubringen vermag, muß natürlich sehr stark sein, und er gebraucht daher eine größere Menge Mentalstoff, so daß die Form, obgleich sie klein und zusammengedrückt ist, wenn sie aus dem Denker hinaustritt und ihn dann verläßt, eine beträchtliche Menge Astralstoff anzieht und sich gewöhnlich bis zu Lebensgröße ausdehnt, bevor sie an ihrem Bestimmungsorte erscheint.

2. Der Gedanke, der das Bild irgend eines materiellen Gegenstandes annimmt. Wenn ein Mensch an seinen Freund denkt, dann schafft er in seinem Mentalkörper ein winziges Bild dieses Freundes, das oft nach außen tritt und dann gewöhnlich in der Luft vor ihm schwebend bleibt. So werden

auch, wenn er an ein Zimmer, ein Haus oder eine Landschaft denkt, winzige Bilder dieser Gegenstände in seinem
Mentalkörper entstehen, die dann nach außen treten. Das
ist auch der Fall, wenn er seine Einbildungskraft übt. Der
Maler, der eine Idee von seinem zukünftigen Bilde schafft,
gestaltet sie aus seinem Mentalkörper und schickt sie dann
in den Raum, behält sie aber noch vor seinem geistigen
Auge und bildet sie nun nach. Der Romanschriftsteller
schafft in gleicher Weise Charakterbilder aus Mentalstoff,
und durch die Schulung seines Willens bewegt er gleichsam
diese Figuren, so daß der Plan seiner Geschichte sich tatsächlich vor ihm dramatisch abspielt. Mit unseren seltsam
verkehrten Begriffen von Wirklichkeit und Realismus ist es
schwer zu verstehen, daß diese Mentalbilder tatsächlich
existieren, und so vollständig objektiv sind, daß ein Hellseher sie leicht wahrnehmen kann, und sie sogar von einem
andern als ihrem eigenen Schöpfer umgestaltet werden können.
Einige Romanschriftsteller z. B. haben diesen Vorgang dunkel geahnt. Sie erzählen, wie Charaktergestalten, wenn sie
einmal ins Leben gerufen waren, ihren eigenen Willen
entwickelten und darauf bestanden haben, daß der Gang
der Geschichte in einer von dem ursprünglichen Plane
ihres Schöpfers ganz abweichenden Form ausgeführt würde.*)
Dieses ist tatsächlich geschehen; manchmal wurden die
Gedankenformen von mutwilligen Naturgeistern beseelt, öfter
noch wählte irgend ein „toter" Schriftsteller, der auf dem

---

*) Das wußten noch die Griechen, die Germanen, die Kelten und
die Völker älterer Kulturen, bei ihnen wurde der Philosoph, der Sän-
ger, der Dichter von den »Göttern« belehrt und geführt. (Red.)

Astralplane die Entwicklung des Planes seines Kollegen verbessern zu können glaubte, diese Methode, um seine eigene Idee zur Darstellung zu bringen.

3. Der Gedanke, der seine eigene Form annimmt, und seine ihm eigentümlichen Eigenschaften in der Materie, die er um sich zieht, zum Ausdrucke bringt. Nur Gedankenformen dieser dritten Art können mit Erfolg bildlich dargestellt werden, denn die der ersten und zweiten Art darzustellen, hieße Porträts oder Landschaften zeichnen. In jenen ersten Typen haben wir den plastischen mentalen oder astralen Stoff, der die Formen der physischen Welt bei seiner Gestaltung nachgeahmt hat; diese dritte Gruppe von Gedankenformen gewährt uns einen Einblick in die Formen, die der Mentalwelt eigen sind. Jedoch ist diese Tatsache, die sie so sehr interessant macht, für ihre genaue Wiedergabe ein unüberwindliches Hindernis.

Gedankenformen dieser dritten Klasse manifestieren sich fast ohne Ausnahme auf dem Astralplane, da die Mehrzahl von ihnen ebensogut Gefühle wie Gedanken ausdrücken. Die, von denen wir hier Proben geben, gehören fast ausschließlich dieser Klasse an, außer einigen wenigen Beispielen der schönen Gedankenformen, die in dafür angesetzten Konzentrations-Übungen von denen hervorgebracht wurden, die durch lange Übung richtiges Denken gelernt haben.

Gedankenformen, die an bestimmte Menschen gerichtet sind, bringen ganz bestimmte Wirkungen hervor, und diese befinden sich entweder teilweise in der Aura des Empfängers und vermehren so ihre Wirkung oder sie werden von ihm zurückgestoßen. Ein Gedanke der Liebe oder des Schutzes, der stark an einen geliebten Gegenstand gerichtet ist, schafft eine Form, die sich zu der betreffenden Person hinbewegt und als schützender Engel in deren Aura bleibt. Er wird jede Gelegenheit instinktiv suchen, zu dienen und zu verteidigen, nicht aus bewußter oder überlegter Handlungsweise, sondern weil er dem Willen, der ihn beseelte, blind gehorcht. So wird er freundliche Kräfte, die die Aura berühren, verstärken und feindliche schwächen. Auf diese Weise können wir wirkliche Schutzengel um die, die wir lieben, schaffen und erhalten, und manches Gebet einer Mutter für ihr fernes Kind umschwebt es, trotzdem sie nicht weiß wie ihr Gebet erhört worden ist.

Wenn gute oder böse Gedanken bestimmten Personen gesandt werden, so müssen diese Gedanken, wenn sie ihre Mission sogleich erfüllen sollen, in der Aura dessen, an den sie geschickt werden, Anknüpfungspunkte finden, die auf ihre Schwingungen sympathisch antworten. Jede Zusammensetzung von Materie kann nur innerhalb gewisser Grenzen vibrieren, und wenn die Gedankenform außerhalb der Grenzen ist, in der die Aura vibriert, dann kann sie sie überhaupt nicht beeinflussen. Die Form prallt dann infolgedessen von ihr zurück, und zwar mit einer Kraft, die der Energie, mit der sie auftrat, entspricht. Darum sagt man, daß ein reines Herz und Gemüt die besten Beschützer gegen feindliche Angriffe sind, denn sie bauen einen Astral- und Mentalkörper von sehr feiner Materie auf, und solche Körper können nicht auf Schwingungen antworten, die einen groben und dichten Stoff verlangen. Wenn ein böser Gedanke, mit

36

der Absicht zu schaden, einen solchen Körper berührt, dann wird er mit seiner eigenen Energie von ihm zurückgestoßen werden; er fliegt dann rückwärts auf der magnetischen Bahn des geringsten Widerstandes, die er soeben durchlaufen hat, und trifft seinen Urheber. Da sein Astral- und Mentalkörper aus ähnlicher Materie besteht, wie die von ihm erzeugte Gedankenform, vibriert er in gleicher Weise und leidet die zerstörenden Wirkungen, die er einem andern zuzufügen beabsichtigte. »So kommen Flüche (und Segenswünsche) schließlich zur Ruhe.« Darauf beruhen auch die sehr ernsten Wirkungen des Hasses und Argwohnes, die sich gegen edle und hochentwickelte Menschen richten. Die Gedankenformen, die ihnen zugesandt werden, können ihnen nicht schaden, sie fallen auf ihren Urheber zurück und zerschmettern ihn seelisch, moralisch und körperlich. — Mehrere solcher Beispiele sind einigen Mitgliedern der Theosophischen Gesellschaft bekannt, da sie direkt von ihnen beobachtet worden sind. So lange wie ein Rest von gröberem Stoffe, der mit bösen und selbstsüchtigen Gedanken verknüpft ist, in dem Körper des Menschen bleibt, ist er den Angriffen derer, die ihm Böses wünschen, zugänglich; wenn er aber durch Selbstläuterung diese Materie vollkommen ausgestoßen oder sublimiert (verwandelt) hat, können ihm seine Neider nichts antun, und er geht geschützt, friedlich und unverwundbar zwischen den Pfeilen ihrer Bosheit hindurch. Aber es ist verhängnisvoll für die, die solche Pfeile aussenden.*)

---

*) »Und auf den Schützen springt der Pfeil zurück.« (Schiller) Red.

Ehe wir zur Betrachtung unserer Abbildungen übergehen, soll noch erwähnt werden, daß alle hier gezeigten Gedankenformen nach dem Leben gezeichnet sind. Es sind keine eingebildeten Formen, wie sie sich vielleicht irgend ein Schwärmer vorstellen könnte, sondern Darstellungen von wirklich beobachteten Formen, die von gewöhnlichen Menschen erzeugt wurden. Sie sind mit größter Sorgfalt und Treue entweder von denen dargestellt, die sie gesehen haben, oder mit Hilfe von Künstlern, denen sie von Hellsehern beschrieben wurden.

Um ein Vergleichen zu erleichtern sind Gedankenformen ähnlicher Art zusammengestellt worden.

DIE 3 ARTEN DES DENKENS
Auszüge aus der Weltanschauung der Rosenkreuzer von Max Heindel.

»Der Intellekt ist wie die Sammellinse eines Stereoskopes. Er projiziert das Bild in einer von drei Richtungen, nach dem Willen des Denkers, der die Gedanken-Form beseelt.
I. Es kann gegen den Empfindungs-Leib (Astralkörper) gerichtet werden, um ein Gefühl zu erregen, das zu unmittelbarem Handeln führt.
a) Wenn der Gedanke Interesse erweckt, wird eine der Zwillingskräfte Anziehung oder Abstoßung hervorgerufen.
Wenn die Zentrifugalkraft »Anziehung« angeregt wird, ergreift sie den Gedanken, wirbelt ihn in den Empfindungs-Leib (Astralkörper), vermehrt das Leben des Bildes und bekleidet es mit Begierden-Stoff. Dann kann der Gedanke auf das Äther-Gehirn wirken und die Lebenskraft durch die geeigneten Gehirnzellen und Nerven zu den willkürlichen Muskeln stoßen, die die notwendige Tätigkeit ausführen. So wird die Kraft im Gedanken verbreitet, und das Bild bleibt im Äther des Lebens-Leibes (Ätherkörpers) als Erinnerung an die Tätigkeit und an das Gefühl, das sie hervorrief.
b) Abstoßung ist die zentripetale Kraft, und wenn diese vom Gedanken angeregt wird, entsteht ein Kampf der geistigen Kraft (dem Willen des Menschen) in der Gedanken-Form mit dem Empfindungs-Leibe (Astralkörper). Das ist der Kampf zwischen Gewissen und Begierde, der höheren und niederen Natur. Die geistige Kraft sucht trotz des Widerstandes die Gedanken-Form in den Begierden-

Stoff zu kleiden, der nötig ist, um Gehirn und Muskeln zu brauchen. Die Widerstandskraft wird bestrebt sein, die geeignete Materie zu zerstreuen und den Gedanken auszustoßen. Wenn die geistige Energie stark ist, so kann sie ihren Weg durch die Gehirnzentren erzwingen und ihr Kleid aus Begierden- (Astral-) Stoff erhalten, während sie die Lebenskraft handhabt. Sie erzwingt so eine Tätigkeit und wird in diesem Falle im Gedächtnisse einen lebhaften Eindruck des Kampfes und des Sieges zurücklassen. Wenn die geistige Energie erschöpft ist, ehe es zur Handlung kam, wird sie durch die Abstoßungskraft überwunden und im Gedächtnis aufgespeichert werden, wie alle Gedanken-Formen, wenn sie ihre Energie ausgegeben haben.
c) Wenn die Gedankenform dem tötenden Gefühle der Gleichgültigkeit begegnet, so hängt es von der in ihr enthaltenen geistigen Energie ab, ob sie fähig sein wird, eine Handlung zu erzwingen, oder ob sie im rückstrahlenden Äther des Lebens-Leibes (Ätherkörpers) nur einen schwachen Eindruck zurückläßt, nachdem ihre bewegende Kraft erschöpft ist.
II) Wo die mentalen Bilder äußerlicher Einwirkungen keine unmittelbaren Handlungen erfordern, können sie sofort in den rückstrahlenden†) Äther projiziert werden, zugleich mit ihnen die Gedanken, die sie erzeugt haben, und die nun zum späteren Gebrauche aufbewahrt werden. Der Geist, der durch den Intellekt arbeitet, hat unmittelbar Zutritt zum Speicher des bewußten Gedächtnisses und kann zu jeder Zeit jedes beliebige vorhandene Bild erstehen lassen, es mit geistiger Kraft versehen und es auf den Begierdenkörper (Astralkörper) projizieren, um Handlungen zu veranlassen. So oft nun ein solches Bild gebraucht wird, gewinnt es an Lebhaftigkeit, Stärke und Wirksamkeit und erzwingt Handlungen längs seines Kraftschemas, dienstbereiter als bei vorhergehenden Gelegenheiten, weil es Spuren hinterläßt und jenes Gedankenphänomen in uns erzeugt, das wir apperzipierende Vorstellung nennen.
III. Eine dritte Art Gedanken-Formen zu verwenden, ist die Projektion auf einen anderen Intellekt. . . . . . Wenn die für eine solche projizierte Gedanken-Form bestimmte Arbeit vollendet ist, oder wenn ihre Energie in einem vergeblichen Kampfe, ihr Ziel zu erreichen, ausgegeben wurde, strebt sie zu ihrem Urheber zurück und bringt ihm den unauslöschlichen Bericht über ihre Reise mit. Ihr Erfolg oder Mißerfolg prägt sich den negativen Atomen des rückstrahlenden Äthers im Lebens-Leibe (Ätherkörper) ihres Schöpfers ein, wo sie den Teil aus dem Berichte über Leben und Tod des Denkenden bilden, den wir »unterbewußten Intellekt« nennen.
Dieser Bericht ist bedeutend wichtiger als der bewußte Teil, zu dem wir freien Zutritt haben, denn dieser wird aus unvollkommenen und eingebildeten Sinnenwahrnehmungen zusammengesetzt und ist das willkürliche Gedächtnis des bewußten Intellektes«.

†) Siehe: Rosenkreuzerische Unterrichtsbriefe, von M. Heindel, S. 37.

ERLÄUTERNDE GEDANKENFORMEN

UNBESTIMMTE SELBSTLOSE LIEBE

Tafel 8 ist eine rotierende Wolke reiner Liebe. Abgesehen von ihrer Unbestimmtheit stellt sie eine sehr gute Empfindung dar. Der Mensch, der dieses Gedankenbild ausstrahlt, lebt glücklich und in Frieden mit der Welt und denkt fast traumhaft an einen Freund, dessen Gegenwart schon ihn beglückt. Dieses Gefühl ist nicht besonders scharf oder stark, sondern ein Ausdruck des angenehmen Sich-Wohlbefindens und der selbstlosen Freude an der Nähe des geliebten Menschen. Das Gefühl, das eine solche Wolke hervorruft, ist rein in seiner Art, aber es hat nicht die Kraft irgendwelche Resultate hervorzubringen. Ein ähnliches Gebilde umgibt gewöhnlich eine gemütlich schnurrende Katze und strahlt langsam von dem Tiere aus, in einer Anzahl allmählich sich vergrößernder, konzentrischer Hüllen einer rosigen Wolke, die sich in einer kurzen Entfernung von ihrem in stiller Zufriedenheit dahinlebenden Schöpfer auflöst.

UNBESTIMMTE SELBSTSÜCHTIGE LIEBE

Tafel 9 zeigt uns auch eine Wolke der Liebe, aber hier ist sie stark mit einem weit weniger wünschenswerten Gefühle vermischt. Das trübe, harte Braungrau der Selbstsucht zeigt sich recht anschaulich in dem Karminrot der Liebe, und beweist uns, daß die zum Ausdruck kommende Liebe eng verbunden ist mit der Freude an früher empfangenen Gunstbezeugungen und der lebhaften Vorfreude auf zukünftige. Obgleich das Gefühl, das die Wolke in Tafel 8 hervorbrachte, unbestimmt war, so war sie doch frei von dieser selbstsüchtigen Färbung, und sie zeigte daher einen gewissen Edelmut in der Natur ihres Erzeugers. Tafel 9 zeigt uns, was auf einer niedrigeren Entwicklungsstufe die Stelle dieses Gefühles einnimmt. Es ist kaum möglich, daß diese beiden Wolken von derselben Person in einer Inkarnation ausgestrahlt werden können. Dennoch ist etwas Gutes in dem Menschen, der die zweite Wolke hervorbringt, obgleich es jetzt erst teilweise entwickelt ist. Die Liebe des heutigen Durchschnittsmenschen ist dieser Art, und nur sehr allmählich entwickelt sie sich zu anderen und höheren Äußerungen.

LIEBE ZU EINEM BESTIMMTEN GEGENSTANDE

Gleich beim ersten Blicke auf Tafel 10 sehen wir, daß wir es hier mit etwas ganz anderem zu tun haben, mit etwas Tatsächlichem, das fähig ist, ein Resultat hervorzubringen. Die Farbe ist gleich an Klarheit, Tiefe und Durchsichtigkeit, der in Tafel 8, aber was dort nur ein Gefühl war, ist hier in eine ausgesprochene Absicht übergegangen, die sich mit einer entschiedenen Handlungsweise verbindet. Wer das Buch »Der sichtbare und der unsichtbare Mensch« kennt, wird sich erinnern, daß auf der X. Tafel dieses Buches die Wirkung eines plötzlichen Ausbruches einer reinen, selbstlosen Liebe dargestellt ist, so wie sie sich in dem Astralkörper einer Mutter zeigte, als sie ihr kleines Kind in die Arme nahm und küßte. Verschiedene Veränderungen traten infolge dieses plötzlichen Gefühlsausbruches ein; eine derselben war die Bildung von großen, spiralförmigen, karminroten Gebilden oder Wirbeln, die mit lebendem Lichte durchzogen waren. Ein jedes dieser Gebilde ist eine Gedankenform starker Liebe, die gleich nach ihrem Entstehen, ja fast augenblicklich, zu dem geliebten Gegenstande hinströmt. Tafel 10 schildert eine ähnliche Gedankenform, die den Astralkörper ihres Erzeugers verlassen hat und auf dem Wege zu ihrem Ziele ist. Man bemerkt darauf, daß die fast kreisförmige Form sich so verändert hat, daß sie einem Geschosse oder dem Kopfe eines Kometen ähnlich ist; und man sieht leicht ein, daß diese Veränderung durch die schnelle Vorwärtsbewegung entstanden ist. Die helle Farbe beweist die Reinheit des Gefühles, das diese Gedankenform hervorbrachte, während die Schärfe ihrer Umrisse ein nicht mißzuverstehender Beweis der Kraft und starken Absicht ist. Die Seele, die diese Gedankenform erzeugte, muß bereits eine ziemlich hohe Entwicklungsstufe erreicht haben.

AUSSTRAHLENDE LIEBE

In Tafel 11 sehen wir das erste Beispiel einer mit Absicht erzeugten Gedankenform, deren Urheber bemüht ist, auf alle Wesen Liebe auszuströmen. Bemerkt sei, daß alle diese Formen in beständiger Bewegung sind. Diese z. B. erweitert sich beständig; es scheint eine unversiegbare Quelle da zu sein, die durch den Mittelpunkt der Form quillt, deren Ausdehnung wir aber nicht wiedergeben können. Ein derartiges Gefühl ist so umfassend in seinen Äußerungen, daß es für jeden nicht vollkommen geschulten Beobachter sehr schwer ist, sie klar und deutlich wiederzugeben. Diese

42

hier vorgeführte Gedankenform ist daher eine sehr schätzens-
werte, denn man muß bemerken, daß alle die zahlreichen
Strahlen dieses Sternes eine ganz bestimmte Tendenz
haben.

FRIEDEN UND SCHUTZ

Wenige Gedankenformen sind schöner und ausdrucksvoller,
als die auf Tafel 12. Dieses ist ein Gedanke der
Liebe und des Friedens, des Schutzes und des Segens, der
von einem Menschen ausgesandt wurde, der die Macht
und das Recht zu segnen in sich hat. Es ist nicht anzunehmen, daß ihr Schöpfer eine Ahnung von ihrer schönen,
flügelartigen Form hatte, obgleich es möglich ist, daß eine
fast unbewußte Erinnerung an Geschichten aus seiner
Kindheit von Schutzengeln, die immer über ihren Schütz-
lingen schweben, diese Gedankenform etwas beeinflußt
haben mag. Wie dem auch sei, der erste Versuch nahm
diese anmutige und zugleich ausdrucksvolle Form an, während
das Gefühl der Liebe, das sie beseelte, ihr diese liebliche
rosa Färbung gab, und die Intelligenz, die sie leitete, strömte
wie Sonnenlicht aus ihrem Herzen oder Mittelpunkte. Es
ist eine Tatsache, daß wir wirkliche Schutzengel hervorbringen, die um unsere Geliebten schweben und sie be-
schützen. Mancher selbstlose, ernste Wunsch für ihr Wohl
bringt eine solche Form hervor, wenn ihr Urheber auch
nichts davon weiß.

VERLANGENDE TIERISCHE LIEBE

Tafel 13 gibt uns ein Beispiel von gieriger, tierischer Liebe, wenn überhaupt ein solches Gefühl den erhabenen Namen »Liebe« verdient. Verschiedene Farben tragen dazu bei, diesen unangenehmen Farbenton hervorzubringen, denn er ist sowohl mit dem fahlen Strahle der Sinnlichkeit gefärbt, wie auch durch den dumpfen Farbenton der Selbstsucht getrübt. Die Form ist besonders charakteristisch, denn Widerhaken treten nur dann in die Erscheinung, wenn ein starkes Verlangen nach persönlichem Besitze vorhanden ist. Es ist klar, daß der Erzeuger dieser Gedankenform keine Ahnung von aufopfernder Liebe hatte, die sich in frohem Dienste für andre ausgibt und niemals an Rückwirkung oder Lohn denkt. Sein Gedanke war nicht: wieviel kann ich geben? sondern: wieviel kann ich dabei gewinnen? Das drückt sich in diesen, sich rückwärts biegenden Strahlen aus. Diese Gedankenform hat nicht einmal gewagt sich kühn nach außen zu schwingen, wie andre Gedanken, sondern schleudert sich nur zaghaft von dem Astralkörper weg, den man sich links von dem Bilde vorstellen muß. Es ist ein trauriges Kehrbild der göttlichen Liebe. Aber auch dieses ist nur eine Stufe in der Entwicklung und ein deutlicher Fortschritt, wenn wir sie mit früheren Entwicklungsstadien vergleichen, wie wir gleich betrachten wollen.

ANDACHT

Unbestimmtes religiöses Empfinden

Tafel 14 zeigt uns wieder eine formlose, rollende Wolke, aber hier ist sie blau anstatt karminrot. Sie zeugt von einem allgemeinen, angenehmen religiösen Gefühle — einem Gefühle der Andacht eher als der Ergebung — das sich so häufig bei Menschen einstellt, die mehr Frömmigkeit als Verstand haben. In vielen Kirchen kann man eine große Wolke von tiefem, trübem Blau sehen, die über den Köpfen der Gemeinde schwebt — unbestimmt in der Form, wegen der unbestimmten Natur der Gedanken und Gefühle, die sie verursachen; oft mit braun und grau gesprenkelt, weil unwissende Frömmigkeit sich sehr leicht mit der unangenehmen Farbe der Selbstsucht oder Furcht vermischt. Sie läßt uns aber trotzdem einen Blick in die Zukunft werfen, in der sie vor unsern Augen den ersten schwachen Antrieb, wenigstens eines der beiden Zwillingsflügel, der Ergebung und Weisheit, entfaltet, mit denen die Seele zu GOTT — ihrem Ursprunge — aufschwebt.

Es ist seltsam, unter wie verschiedenartigen Umständen man diese unbestimmte blaue Farbe sehen kann. Oft spricht ihre Abwesenheit deutlicher als ihre Gegenwart. In manchen modernen Kirchen suchen wir vergebens danach und finden statt dessen eine große Anhäufung von Gedankenformen jener zweiten Art, die die Gestalt materieller Gegenstände annehmen. Anstatt Zeichen der Andacht sehen wir um die „Beter" die Astralbilder von Hüten und Hauben, von Juwelen und prächtigen Kleidern, von Pferden und Wagen, von Branntweinflaschen und Sonntags-Mittagessen schweben, und manchmal ganze Reihen verwickelter Rechnungen, die beweisen, daß sowohl Männer wie Frauen während ihrer angeblichen Bet- und Andachtsstunden nur an ihr Geschäft oder ihr Vergnügen, an ihre Wünsche oder Sorgen trivialster Art gedacht haben.

Aber bisweilen kann man in einem einfachen Tempel, in einer altertümlichen katholischen Kirche oder Ritualistengemeinde oder auch in einem bescheidenen Versammlungsorte, wo nur Ungebildete und Ungelehrte hinkommen, tiefblaue Wolken sehen, die sich unaufhörlich nach Osten, dem Altare zu, bewegen oder aufwärts streben, und die wenigstens den Ernst und die Verehrung derer beweisen, die sie erzeugt haben. Selten — sehr selten — steigt unter den Wolken eine Gedankenform auf, ähnlich einer von der Hand eines Riesen geworfenen Lanze, wie sie Tafel 15 zeigt; oder eine Blume der Selbstaufopferung, ähnlich wie wir sie in Tafel 16 sehen, schwebt vor unseren entzückten Augen; aber in den meisten Fällen müssen wir diese Zeichen einer höheren Entwicklungsstufe anderswo suchen.

Aufwärtssteigende Andacht

Die Gedankenform in Tafel 15 verhält sich zu Tafel 14 ganz ähnlich, wie die scharf umrandete, einem Wurfgeschosse gleichende Form der Tafel 10 sich zu der unbestimmten Wolke der Tafel 8 verhält. Es kann kaum einen größeren Kontrast geben, als den zwischen der fast formlosen, nebelhaften Wolke in Tafel 14 und der starken, der Turmspitze innewohnenden Kraft, durch die ein hoher Grad von Andacht ausgedrückt wird (Tafel 15). Wir sehen hier kein

46

ungewisses, halb ausgebildetes Gefühl; es ist eine erhabene Gemütsbewegung, die tief auf der Kenntnis bestimmter Tatsachen gegründet ist, die in eine bestimmte Form ausströmt. Der Mensch, der zu einer solchen Andacht fähig ist, weiß, an wen er glaubt; der Mensch der eine solche Gedankenform schafft, hat gelernt, richtig zu denken. Die Bestimmtheit des aufwärts gerichteten Stromes beweist Mut sowohl wie Überzeugung, während die Schärfe seiner Umrisse die Klarheit der Ideen zeigt, und die unvergleichliche Reinheit der Farbe von seiner gänzlichen Selbstlosigkeit Zeugnis ablegt.

Gebetserhörung

In Tafel 17 sehen wir das Resultat dieses Gedankens — die Antwort des LOGOS auf die an Ihn gerichtete Anrufung, eine Wahrheit, die dem höchsten, beständigen Glauben an eine Antwort auf ein Gebet zugrunde liegt. Dieses bedarf einiger erklärender Worte. Auf jedem Plane Seines Sonnensystemes strömt unser LOGOS Sein Licht, Seine Macht und Sein Leben aus. Auf den höheren Plänen kann dieses Ausströmen der göttlichen Kraft naturgemäß am stärksten vor sich gehen. Der Abstieg von jedem Plane zu dem nächst niederen bedeutet eine fast lähmende Begrenzung, die allen denen ganz unverständlich ist, die die höheren Möglichkeiten des menschlichen Bewußtseins noch nicht erfahren haben. So fließt das göttliche Leben unvergleichlich stärker auf dem Mental- als auf dem Astralplane; und dennoch wird der Glanz auf dem Mentalplane unendlich übertroffen von dem des Buddhi-Planes. Jede dieser mächtigen, einflußreichen

Wellen breitet sich wagerecht über ihren Plan aus, aber sie dringt nicht in die Dunkelheit eines Planes ein, die tiefer liegt als der, für den sie ursprünglich bestimmt war.

Unter gewissen Bedingungen vermag die Anmut und Stärke, die einem höheren Plane eigen ist, auf einen tieferen überzugehen und sich dort mit einer wunderbaren Wirkung auszubreiten. Das scheint nur möglich zu sein, wenn ein besonderer Kanal für den Moment geöffnet ist, und zwar muß es von unten her und durch die Anstrengung des Menschen geschehen. Es ist bereits erklärt worden, daß, wenn der Gedanke oder das Gefühl eines Menschen selbstsüchtig ist, die Kraft, die es hervorbringt, sich immer in einem engen Bogen bewegt, naturgemäß auf seinen eigenen Plan zurückkehrt und sich dort auflöst. Ist aber der Gedanke oder das Gefühl durchaus selbstlos, dann strömt seine Kraft in einem offenen Bogen aus und kehrt nicht zurück, wie im andern Falle, sondern dringt bis zum nächst höheren Plane vor, weil er nur bei dieser vergrößerten Ausdehnung Raum für seine Ausströmung finden kann. Bei diesem Durchbruche hält ein solcher Gedanke oder ein Gefühl gleichsam eine Türe offen, die so groß wie sein eigener Durchmesser ist, und so schafft er den erforderlichen Kanal, durch den die dem höheren Plane entsprechende göttliche Kraft in den niederen mit wunderbaren Wirkungen, nicht nur für den Denker, sondern auch für andre einströmen kann. Bei Tafel 17 ist ein Versuch gemacht worden, diesen Fall symbolisch darzustellen und die große Wahrheit anzudeuten, daß ein unendlicher Kraftstrom der höheren Art immer bereit ist und nur auf den Kanal wartet, durch den

48

er ausströmen kann, so wie das Wasser in einem Brunnen durch die erste beste vorhandene Röhre hindurchströmt, wenn das Wasser gehoben wird.

Die Wirkung des Ausströmens der göttlichen Kraft äußert sich bei dem, der den Kanal gebildet hat, dadurch, daß er gestärkt und erhoben wird und überall in seiner ganzen Umgebung sich ein starker und segensreicher Einfluß bemerkbar macht. Diese Wirkung betrachten viele als Gebetserhörung, und Unwissende haben es eine besondere Vermittlung der Vorsehung genannt, und doch ist es nur das unfehlbare Inkrafttreten des großen, unwandelbaren, göttlichen GESETZES.

SELBSTVERLEUGNUNG

Tafel 16 gibt uns noch ein anderes Beispiel der Andacht, die eine wunderbar schöne Form einer uns ganz neuen Art darstellt — eine Form, von der wir beim ersten Anblick glauben konnten, daß sie verschiedenartige, anmutige Gestalten, die der äußeren, sichtbaren Natur angehören, nachahmt. So läßt uns Tafel 16 an eine sich öffnende Blumenknospe denken, während andere Formen gewisse Ähnlichkeit mit Muscheln, Blättern oder Bäumen haben. Es steht jedoch fest, daß es keine Nachahmungen von Formen aus der Pflanzen- oder Tierwelt sind und sein können. Die Erklärung für diese Ähnlichkeit liegt wahrscheinlich viel tiefer. Eine ähnliche und noch bedeutungsvollere Tatsache ist es, daß, wie bereits oben bemerkt wurde, einige sehr zusammengesetzte Gedankenformen durch die Wirkung gewisser mechanischer Kräfte nachgeahmt werden können. Bei unserm jetzigen Wissen ist es fast unmöglich, dieses sehr reizvolle Problem, das uns diese bemerkenswerten Ähnlichkeiten aufweist, lösen zu können. Es ist wahrscheinlich, daß sich der Schleier dieses großen Geheimnisses bereits zu lüften beginnt; denn wenn wir durch gewisse Gedanken eine Form hervorbringen, die uns einen Vorgang in der Natur wiederholt hat, so können wir zum mindesten vermuten, daß die Naturkräfte sich in ähnlicher Weise äußern wie die Gedanken. Da das ganze Weltall selbst eine von GOTT ins Leben gerufene Gedankenform ist, so ist es wohl möglich, daß winzige Teilchen davon auch die Gedankenformen kleinerer Wesenheiten sind, die sich an demselben Werke beteiligen; und so mögen wir uns vielleicht dem Verständnisse dessen nähern, was mit den 330 Millionen Devas der Hindu gemeint ist.

Diese Form ist lieblich hellblau mit einem Schimmer von weißem Lichte, das hindurchstrahlt — in der Tat eine Aufgabe, die von der Geschicklichkeit des unermüdlichen Künstlers Zeugnis ablegt, denn er hat alles daran gesetzt, um sie so naturgetreu wie möglich darzustellen. Ein Katholik würde diese Gedankenform einen bestimmten Akt der Anbetung nennen oder noch besser, einen Akt äußerster Selbstlosigkeit, Ergebung und Selbstverleugnung.

INTELLEKT

Unbestimmtes intellektuelles Lustgefühl

Tafel 18 stellt eine lose Wolke derselben Art dar, wie sie Tafel 8 und 14 zeigte, doch ist diese gelb anstatt karminrot oder blau. Die gelbe Farbe in der Aura des Menschen,

50

in welchem seiner höheren Körper sie sich auch zeigen mag, bedeutet immer intellektuelle Fähigkeiten, doch wechseln ihre Schattierungen sehr häufig, und durch Beimischung anderer Farben wird sie bisweilen verändert. Ganz im allgemeinen bedeutet das dunklere und trübere Gelb, daß der Intellekt mehr auf Niederes gerichtet ist, ganz besonders, wenn die Art des Verlangens selbstsüchtiger Natur ist. In dem Astral- oder Mentalkörper des gewöhnlichen Geschäftsmannes zeigt es sich als Ockergelb, während reiner Intellekt, der sich dem Studium der Philosophie oder der Mathematik weiht, häufig goldgelb erscheint. Widmet sich ein Mensch mit einem starken Intellekte in ganz selbstloser Weise dem Wohle der Menschheit, dann zeigt sich das in einem schönen, hellen und leuchtenden Zitronengelb oder in dem Gelb der Schlüsselblume. Gewöhnlich haben die gelben Gedankenformen klare Umrisse, und eine gelbe Wolke von unbestimmter Form ist verhältnismäßig selten. Sie zeigt Freude am Intellektuellen, Würdigung der Resultate eines erfinderischen Geistes oder Vergnügen an geschickter Arbeit. Das Vergnügen des gewöhnlichen Mannes bei der Betrachtung eines Bildes hängt hauptsächlich von der Bewunderung, der Sympathie oder dem Mitleide ab, das dabei in ihm erregt wird, oder wenn es eine Szene darstellt, die ihm bekannt und vertraut ist, so besteht der Reiz in der Kraft, vergangene Freuden in ihm wieder lebendig zu machen. Ein Künstler dagegen kann von einem Bilde ein Vergnügen ganz andrer Art haben, das auf seiner Anerkennung der vortrefflichen Arbeit beruht und der Geschicklichkeit, die angewendet wurde, um gewisse Wirkungen hervorzubringen. Ein solcher reiner, geistiger Genuß wird durch eine gelbe Wolke angedeutet, und dieselbe Wirkung kann auch durch Freude an musikalischer Fertigkeit oder an einer geistreichen Beweisführung hervorgebracht werden. Eine derartige Wolke zeigt die gänzliche Abwesenheit persönlicher Gefühle, denn wenn sie vorhanden wären, würde das Gelb unvermeidlich mit der ihnen eigenen Farbe vermischt werden.

DIE ABSICHT ZU ERKENNEN

Tafel 19 ist insofern interessant, als sie etwas von dem Wachstume einer Gedankenform zeigt. Das erste Stadium, das durch die obere Form angedeutet ist, sieht man ziemlich häufig, und es zeugt von der bestimmten Absicht, irgend ein Problem zu lösen — der Absicht, zu wissen und zu verstehen. Bisweilen sieht ein theosophischer Redner viele derartiger gelber schlangenartiger Formen, die von seinen Zuhörern zu ihm hinströmen, und er begrüßt sie als ein Zeichen, daß sie seinen Auseinandersetzungen mit Verständnis folgen und den ernsten Wunsch haben, zu verstehen und mehr zu wissen. Eine Form dieser Art begleitet oft eine Frage, und wenn sie, wie es unglücklicherweise häufig der Fall ist, weniger aus dem Gefühle des wahren Verlangens nach Kenntnis gestellt ist, als vielmehr darum, den Scharfsinn des Fragenden zu beweisen, dann ist die Form stark mit dunklem Orange gefärbt, was Eitelkeit bedeutet. Bei einer theosophischen Zusammenkunft wurde diese besondere Form beobachtet, und sie begleitete eine Frage, die logisches Denken und ziemlichen Scharfsinn

52

verriet. Die zuerst gegebene Antwort befriedigte den Frage-
steller nicht ganz, und er schien unter dem Eindrucke zu
stehen, als ob der Redner seiner Frage ausweichen wolle.
Sein Entschluß, eine ganze und gründliche Antwort auf
seine Nachfrage zu erhalten, wurde bestimmter als vorher,
und seine Gedankenform wurde intensiver in der Farbe
und veränderte sich in die zweite der beiden Gestalten, die
einem Korkzieher noch ähnlicher sah als vorher. Ähnliche
Formen werden beständig von der gewöhnlich faulen und
leichtsinnigen Neugierde geschaffen, aber da in diesem Falle
kein Intellekt dabei ist, so ist die Farbe nicht mehr gelb,
sondern gleicht gewöhnlich verdorbenem Fleische, ungefähr
wie die in Tafel 29, die die Gier eines Trunkenboldes
nach Alkohol ausdrückt.

HOCHGESTIMMTER EHRGEIZ

Tafel 20 gibt uns eine andere Offenbarung eines Menschen,
der von Ehrgeiz nach Rang und Macht erfüllt ist. Die ehr-
geizige Eigenschaft wird durch die tiefe Orangefarbe angedeutet, und der Wunsch durch die hakenförmigen Aus-
wüchse, die sich bei der Bewegung vorstrecken. Der Gedanke ist in seiner Art gut und rein, denn wenn irgend
etwas Niedriges und Selbstsüchtiges in dem Wunsche wäre,
so würde es sich unvermeidlich dadurch zeigen, daß die
helle Orangefarbe in dunkles Rot, Braun oder Grau übergeht. Wenn dieser Mann Rang oder Macht begehrte, so
geschah es nicht um seinetwillen, sondern aus der Überzeugung, daß er die Arbeit gut und treu und zum Vor-
teile seiner Mitmenschen verrichten könnte.

SELBSTSÜCHTIGER EHRGEIZ

Ehrgeiz einer niederen Art ist in Tafel 21 dargestellt. Hier haben wir nicht nur einen großen Fleck von dem trüben Braungrün der Selbstsucht, sondern es ist auch ein beträchtlicher Unterschied in der Form vorhanden, obgleich sie ebenfalls klare Umrisse zu haben scheint. Die Form auf Tafel 20 ist beständig aufsteigend in der Richtung auf einen bestimmten Gegenstand, denn man kann beobachten, daß ihr innerer Teil ebenso bestimmt ein Geschoß ist wie auf Tafel 10. Tafel 21 dagegen stellt eine schwebende Form dar und zeigt stark einen allgemeinen Erwerbstrieb an — den Ehrgeiz, alles, was in Sicht kommt, für das kleine Selbst, die Persönlichkeit, zu ergreifen.

TÖDLICHER ZORN UND VERHALTENER GROLL

In Tafel 22 haben wir zwei bezeichnende Beispiele von der furchtbaren Wirkung des Zornes. Der fahle Blitz aus dunklen Wolken wurde an der Aura eines rohen und teilweise betrunkenen Mannes in einem östlichen Teile von London beobachtet, als er eine Frau niederschlug. Der Blitzstrahl schoß in dem Augenblicke, bevor er die Hand erhob, sie zu treffen, auf sie los und verursachte ein schauderndes Gefühl von Entsetzen, wie bei plötzlich eintretender Todesgefahr. Der spitze, dolchartige Wurfspieß war ein Gedanke beständigen Grolles, starker und verlangender Rache von mörderischer Art, der jahrelang gehegt und gegen eine Person gerichtet war, die dem, der sie aussandte, eine schwere Beleidigung hatte zukommen lassen. Hätte der

54

betreffende Mensch einen starken und entwickelten Willen gehabt, so wäre eine solche Gedankenform todbringend gewesen, und ein Mensch, der sie beständig hegt, läuft große Gefahr, in einer zukünftigen Inkarnation in der Tat sowohl wie in Gedanken ein Mörder zu werden. Man wird bemerken, daß beide eine blitzartige Form annehmen, obgleich die obere in ihrer Gestalt unregelmäßig ist, während die untere eine Beständigkeit der Absicht ausdrückt, die viel gefährlicher ist. Die Grundlage der äußersten Selbstsucht, aus der die obere hervorgeht, ist sehr charakteristisch und lehrreich. Die Verschiedenheit der Farbe zwischen den beiden ist auch bemerkenswert. In der oberen ist das schmutzige Braun der Selbstsucht so stark hervorstechend, daß es sogar den Ausbruch des Zornes befleckt, während im zweiten Falle, obgleich ohne Zweifel auch Selbstsucht zu Grunde liegt, der ursprüngliche Gedanke in der beständig unterhaltenen und konzentrierten Wut vergessen worden ist. Jemand, der Tafel XII in »Der sichtbare und der unsichtbare Mensch« betrachtet, wird imstande sein, sich selbst die Bedingung des Astralkörpers, von dem diese Formen ausgehen, vorzustellen; und sicher sollte der Anblick dieser Bilder allein, selbst wenn sie nicht genauer betrachtet werden, ein sehr wirksamer Anschauungsunterricht sein, der uns die lebenhemmende und vernichtende Kraft der Leidenschaft des Zornes klar vor Augen führt.

AUSBRECHENDER ZORN

In Tafel 24 sehen wir die Darstellung eines ganz andersartigen Zornes. Es ist kein langer, verhaltener innerer Groll, sondern nur ein kräftiger, explosiver Ausbruch von Ärger. Es ist sofort klar, daß, während die Schöpfer der in Tafel 22 gezeigten Form ihren Zorn gegen ein Individuum richten, dieser Mensch, der die Explosion in Tafel 24 verursacht, momentan im Hader mit der ganzen Welt ist. Sie kann sehr wohl das Gefühl eines alten cholerischen Herren ausdrücken, der sich beleidigt oder frech behandelt glaubt, denn das mit Scharlachrot untermischte Orange deutet an, daß sein Stolz stark beleidigt ist. Es ist lehrreich, die Ausstrahlungen dieser Tafel mit denen von Tafel 11 zu vergleichen. Hier sehen wir eine wirkliche Explosion angedeutet, die aber sehr schnell vorübergeht und unregelmäßig in ihren Wirkungen ist, und der leere Mittelpunkt zeigt uns, daß das verursachende Gefühl schon der Vergangenheit angehört, und daß keine andre Kraft hervorgebracht wird. Andererseits ist in Tafel 11 der Mittelpunkt der stärkste Teil der Gedankenform, der zeigt, daß sie nicht die Wirkung eines augenblicklichen Gefühlsblitzes ist, sondern daß ein fortwährendes, beständiges Aufwallen von Energie vorliegt, während die Strahlen durch ihre Qualität, Länge und die Gleichförmigkeit ihrer Verteilung die beständig unterhaltene Bemühung beweisen, die sie hervorbringt.

WACHSAME UND ZORNIGE EIFERSUCHT

In Tafel 25 sehen wir eine interessante, wenngleich unangenehme Gedankenform. Ihre eigentümliche braungrüne Farbe zeigt dem geübten Hellseher sofort, daß sie ein Ausdruck von Eifersucht ist. Ihre sonderbare Gestalt ist ein Ausdruck der Heftigkeit, mit der der Mensch seinen

Gegenstand bewacht. Die bemerkenswerte Ähnlichkeit mit einer Schnecke, die den Kopf nach oben hebt, symbolisiert die ganz lächerliche Stellung des eifersüchtigen Menschen, der heftig bemüht ist, Zeichen von dem zu entdecken, was er am allerwenigsten zu sehen wünscht. In dem Augenblicke, wo er es sieht, oder sich einbildet, es zu sehen, wird die Form sich ändern und die weit gewöhnlichere der Tafel 26 annehmen, bei der die Eifersucht schon mit Ärger vermischt ist. Es soll gleich hier bemerkt werden, daß die Eifersucht sich als eine bloße, unbestimmte Wolke manifestiert, obgleich sie mit sehr bestimmten Wutstrahlen untermischt ist, die bereit sind, die zu treffen, von denen er sich beleidigt glaubt. Die Eifersucht in Tafel 25, wo noch keine Wut vorhanden ist, hat dagegen selbst ganz bestimmte und sehr ausgeprägte Umrisse.

SYMPATHIE

Unbestimmte Sympathie

In Tafel 18a haben wir eine andere Art einer unbestimmten Wolke, aber hier zeigt uns ihre grüne Farbe, daß sie eine Äußerung des Gefühles der Sympathie ist. Wir können aus der unbestimmten Natur ihrer Umrisse erkennen, daß es keine bestimmte und aktive Sympathie ist, die sich sogleich vom bloßen Gedanken in die Tat umsetzen würde; sie deutet eher ein allgemeines Gefühl des Mitleides an, wie es etwa einen Menschen überkommt, der einen Bericht von einem traurigen Unfalle liest, oder an der Türe eines Krankensaales steht und die Kranken betrachtet.

57

FURCHT

Plötzlicher Schreck

Eine der bedauernswertesten Erscheinungen in der Natur ist ein Mensch oder ein Tier im Zustande gemeiner Furcht. Ein Blick auf Tafel XIII in »Der sichtbare und der unsichtbare Mensch« zeigt, daß unter solchen Umständen der Astralkörper kein besseres Aussehen hat, als der physische. Wenn sich der Astralkörper eines Menschen in einem Zustande hochgradigster Erregung befindet, dann neigt er naturgemäß dazu, gestaltlose, explodierende Teilchen von sich zu werfen, wie Felsstücke, die beim Sprengen weggeschleudert werden, so wie man es in Tafel 30 sieht; aber wenn jemand nicht entsetzt, sondern nur sehr bestürzt ist, dann wird oft eine Wirkung gleich der in Tafel 27 erzeugt. In einer der von Dr. Baraduc gemachten Photographien wurde bemerkt, daß ein Ausbruch von gebrochenen Kreisen die Wirkung plötzlichen Verdrusses war, und dieses Ausstrahlen der halbmondförmigen Formen scheint etwa von derselben Art zu sein, obgleich hier die begleitenden Linien von Materie sind, die noch das explosive Aussehen vermehren. Es ist bemerkenswert, daß alle Halbmonde auf der rechten Seite, die wahrscheinlich zuerst ausgeworfen worden sind, nur das bleiche Grau der Furcht zeigen. Einen Augenblick später erholt sich der Mann schon teilweise von seinem Schrecken und fängt an, nun ärgerlich darüber zu werden, daß er sich erlaubt hat, in einen solchen Zustand zu geraten. Es wird dadurch angedeutet, daß die späteren Halbmonde scharlachrot gleichsam gefüttert sind, was ein Gemisch von Ärger und Furcht beweist, während der letzte

58

Halbmond rein scharlachrot ist und uns dadurch zu erkennen gibt, daß die Furcht sogar ganz überwunden wurde, und nur der Ärger zurückgeblieben ist.

BEGIERDE

Eigennützige Gier

Tafel 28 gibt uns ein Beispiel von selbstsüchtiger Begierde einer weit niederen Art als Tafel 21. Man kann bemerken, daß hier kein so hohes Gefühl wie Ehrgeiz vorhanden ist, und es ist auch aus der schmutziggrünen Färbung ersichtlich, daß der Mensch, der diesen unangenehmen Gedanken ausstrahlt, bereit ist, durch Betrug das zu erreichen, was er wünscht. Während der Ehrgeiz in Tafel 21 allgemeiner Natur war, so ist die Begierde, die sich in Tafel 28 ausdrückt, auf einen bestimmten Gegenstand gerichtet, den sie an sich reißt; denn man muß wissen, daß diese Gedankenform, ebenso wie die in Tafel 13, dem Astralkörper, den man sich links vom Bilde denken muß, einverleibt ist. Krallenartige Formen dieser Art kann man häufig sich auf eine Frau richten sehen, die ein neues Kleid oder einen neuen Hut oder irgend einen besonders wertvollen Schmuckgegenstand trägt. Die Gedankenform kann in der Farbe verschieden sein, je nach dem Maße des vorhandenen Neides, der mit der Begierde nach Besitz vermischt ist; aber eine Annäherung an die auf unserem Bilde angegebene Gestalt ist in allen Fällen erkennbar. Man kann recht häufig Leute vor einem Schaufenster sehen, die auf diese Weise astrale Begierden durch das Glas hindurchfluten lassen.

Trunksucht

In Tafel 29 haben wir ein andres Beispiel derselben Leidenschaft, vielleicht auf einer noch niedrigeren und tierischeren Stufe. Diese Erscheinung wurde an dem Astralkörper eines Mannes, in dem Augenblicke als er zur Türe einer Kneipe eintrat, beobachtet: Die Erwartung und das starke Verlangen nach dem Getränke, das er zu sich nehmen wollte, zeigte sich im Ausstrahlen dieser sehr unangenehmen Erscheinung. Auch hier zeigen die hakenförmig ausgestoßenen Krallen die Begierde an, während die Farbe und das rosa gefleckte Gewebe die niedere und sinnliche Natur des Verlangens andeuten. Geschlechtliche Begierden dokumentieren sich häufig in einer ganz ähnlichen Weise. Menschen, die solche Gedankenformen hervorbringen, stehen fast noch auf der tierisch-persönlichen Stufe. In dem Maße, wie sie in der Entwicklung fortschreiten, wird an Stelle dieser Form allmählich eine andere treten, die mit der in Tafel 13 Ähnlichkeit hat, und sehr langsam wird diese wiederum bei fortschreitender Entwicklung durch die in Tafel 9 und 8 angedeuteten Stadien hindurchgehen, bis zuletzt jede Selbstsucht ausgeschieden ist, und der Wunsch, zu besitzen, in den Wunsch, zu geben umgewandelt ist, und wir zu den herrlichen Wirkungen kommen, die Tafel 11 und 10 ausdrücken sollen.

VERSCHIEDENE GEMÜTSBEWEGUNGEN

Bei einem Schiffbruche

Eine furchtbare Panik hat die hochinteressante Gruppe von Gedankenformen erzeugt, die in Tafel 30 dargestellt sind. Sie wurden gleichzeitig beobachtet, und zwar in derselben Anordnung wie auf dem Bilde, und obgleich sie inmitten einer unbeschreiblichen Verwirrung aufgenommen wurden, so ist ihre gegenseitige Stellung doch beibehalten worden; dennoch wird es bei der Erklärung besser sein, sie in umgekehrter Reihenfolge zu betrachten. Sie wurden durch einen schrecklichen Unfall hervorgerufen, und sie sind insofern sehr lehrreich, als sie zum Ausdrucke bringen, wie verschieden die Menschen auf eine plötzliche und ernste Gefahr, die sie alle betrifft, reagieren. Eine Form zeigt einen Ausbruch des bleichen Graues der Furcht, die der äußersten Selbstsucht entspringt, und unglücklicherweise waren viele solcher Formen vorhanden. Das zerstückelte Aussehen der Gedankenform prägt die Heftigkeit und Vollständigkeit der Explosion aus, die ihrerseits andeutet, daß die ganze Seele jener Person mit blindem, wahnsinnigem Schrecken erfüllt war, und daß der überwältigende Eindruck der persönlichen Gefahr für den Augenblick jedes höhere Gefühl ausschloß.

Die zweite Form stellt wenigstens einen Versuch zur Selbstbeherrschung dar und zeigt die Stellung, die ein Mensch einnimmt, der etwas religiöses Gefühl hat. Der Denker sucht im Gebete Trost zu finden und bemüht sich, auf diese Weise die Furcht zu überwinden. Dieses wird durch die

61

graublaue Spitze angedeutet, die sich zaghaft nach oben richtet; die Farbe beweist jedoch, daß die Anstrengung nur teilweise erfolgreich ist, und wir sehen auch aus dem unteren Teile der Gedankenform mit ihren unregelmäßigen Umrissen und ihren sich abtrennenden Teilchen, daß hier tatsächlich fast ebensoviel Furcht zu finden ist, wie in dem andern Falle. Aber diese Frau hatte wenigstens Geistesgegenwart genug, sich zu erinnern, daß sie beten sollte, und während sie es tut, versucht sie sich vorzustellen, daß sie sich nicht fürchtet, während im andern Falle absolut kein Gedanke zur Beherrschung des selbstsüchtigen Schreckens erzeugt wird. Der eine deutet wenigstens etwas auf Charakter, Bildung und auf eine Möglichkeit hin, die Selbstbeherrschung wiederzufinden; der andre hat, für gewisse Zeit wenigstens, jeden Anspruch auf Anstand beiseite geworfen und ist nun ein Sklave einer überwältigenden, häßlichen Empfindung geworden.

Ein sehr überraschender Kontrast zu der demütigenden Schwäche dieser beiden Formen zeigt sich in der wundervollen Stärke und Entschiedenheit der dritten. Hier haben wir keine unregelmäßige Masse von zitternden Linien und explodierenden Teilchen, sondern einen starken, deutlich umrandeten und bestimmten Gedanken, voller Kraft und Entschlossenheit. Es ist der Gedanke des wachthabenden Beamten, dessen, der für Leben und Sicherheit der Passagiere verantwortlich ist. Dieser Gedanke wird in einer sehr befriedigenden Weise sichtbar. Er steht furchtlos auf seinem Posten und denkt nur an seine Pflicht. Er hat keine Zeit zu eigenen persönlichen Empfindungen. Obgleich die

62

scharlachrote Farbe des scharfen Punktes dieser waffen-
artigen Gedankenform Ärger andeutet, daß der Unfall geschehen ist, so bedeutet die kühne, orangefarbene Kurve
vollkommenes Selbstvertrauen und das Bewußtsein seiner
Fähigkeit, auf seinem Posten auszuhalten. Das glänzende
Gelb drückt aus, daß sein Intellekt sich bereits mit dem
Probleme beschäftigt, während das Grün, das sich längs
der gelben Farbe hinzieht, die Sympathie andeutet, die er
für die Unglücklichen fühlt, denen er beispringen will. Eine
sehr wichtige und lehrreiche Gruppe von Gedankenformen!

Bei einer Erstaufführung

Tafel 31 ist auch ein interessantes vielleicht einzigartiges
Beispiel, denn sie stellt die Gedankenform eines Schau-
spielers dar, der darauf wartet, auf die Bühne zu gehen, um
bei einer Erstaufführung zu spielen. Das breite, orangefarbene Band im Mittelpunkte ist sehr deutlich ausgeprägt,
und es bedeutet wohlbegründetes Selbstvertrauen, die Verwirklichung vieler, vorhergehender Erfolge und die vernünftige Erwartung, daß bei dieser Gelegenheit ein weiterer
Erfolg zu verzeichnen sein wird. Aber trotzdem kommt hier
die unvermeidliche Unsicherheit zum Ausdrucke, wie das
neue Stück auf das wankelmütige Publikum wirken wird.
Im ganzen überwiegt der Zweifel und die Furcht — die
Gewißheit und den Stolz, denn es ist mehr von dem Blaß-
grau als von der Orangefarbe sichtbar, und die ganze Gedankenform flattert wie eine Fahne im Winde. Man kann
bemerken, daß der Umriß des orangefarbenen Bandes klar

und bestimmt ist, während der der grauen Umrandung viel unbestimmter ist.

Die Spieler

Die in Tafel 32 zur Kenntnis der physischen Sinne gebrachten Formen wurden gleichzeitig im großen Spielhause in Monte Carlo beobachtet. Beide veranschaulichen nur gemeine menschliche Leidenschaften, und es ist wenig Unterschied zwischen beiden bemerkbar, obgleich sie den glücklichen und den unglücklichen Spieler darstellen. Die untere Form hat eine starke Ähnlichkeit mit einem grellen, funkelnden Auge, obgleich es nur ein zufälliges Zusammentreffen sein kann, denn bei genauer Prüfung finden wir, daß ihre Bestandteile und Farben leicht zu erklären sind. Der dem Ganzen zugrunde liegende Gedanke ist eine unregelmäßige Wolke tiefer Niedergeschlagenheit, die mühsam in dem trüben Braungrau der Selbstsucht und der bleichen Farbe der Furcht zum Ausdrucke kommt. Im Mittelpunkte sehen wir einen deutlich umrandeten, scharlachroten Ring, der Zorn und Verdruß über das widrige Schicksal anzeigt, und den ein scharfumrissener, schwarzer Kreis umschließt, der den Haß des total zugrunde gerichteten Mannes gegen die ausdrückt, die sein Geld gewonnen haben. Ein Mensch, der eine derartige Gedankenform auszusenden fähig ist, ist sicher in großer Gefahr, denn er ist auf der Stufe tiefster Verzweiflung angelangt. Da er ein gewohnheitsmäßiger Spieler ist, so hat er kein höheres Pflichtgefühl und keine Grundsätze, die ihn aufrechterhalten könnten. Er wird höchstwahrscheinlich seine Zu-

64

flucht zum Selbstmorde nehmen, als zum einzigen, aber nur in seiner Vorstellung bestehenden Hilfsmittel, denn beim Erwachen in der Astralwelt wird er finden, daß er seine Lage nur verschlimmert hat, was durchschnittlich beim Selbstmorde der Fall ist, da seine feige Tat ihn von der Seligkeit und dem Frieden trennt, der gewöhnlich dem Tode eines guten Menschen folgt.

Die obere Form zeigt einen Gemütszustand, der in seinen Wirkungen vielleicht noch schädlicher ist, denn es ist der gemeine Triumph des glücklichen Spielers über seinen erlangten Gewinn. Hier ist der Umriß vollkommen deutlich, und der Entschluß des Menschen, dem breiten Wege der Begierden treu zu bleiben, ist unverkennbar. Das ausgedehnte orangefarbene Band in der Mitte zeigt sehr deutlich, daß der Mensch, obgleich er beim Verluste die Unbeständigkeit des Schicksals verflucht, den Gewinn doch einzig und allein seinem eigenen, hohen Genie zuschreibt. Wahrscheinlich hat er irgendein System erfunden, an das er fest glaubt, und auf das er sehr stolz ist; denn man sieht auf jeder Seite des orangefarbenen Teiles eine spitze Linie der Selbstsucht, man sieht, wie diese in Geiz übergeht und zur bloßen rein tierischen Begierde nach Besitz wird, was auch sehr klar durch die krallenartigen Spitzen der Gedankenform zum Ausdrucke kommt.

Bei einem Straßenunfalle

Tafel 33 ist insofern lehrreich, als sie die verschiedenartigen Formen veranschaulicht, die ein und dasselbe Gefühl in verschiedenen Individuen annimmt. Diese beiden Beispiele von Empfindungen wurden gleichzeitig unter den Zuschauern eines Straßenunfalles gesehen, bei dem jemand von einem vorbeifahrenden Wagen niedergeworfen und leicht verwundet wurde. Die beiden Personen, die diese beiden Gedankenformen erzeugten, waren von liebevoller Teilnahme an dem Opfer und von Mitleid für sein Leiden erfüllt, und daher zeigten ihre Gedankenformen genau die gleichen Farben, obgleich die Umrisse ganz verschieden waren. Der eine, über dem diese unbestimmte, kreisartige Wolke schwebte, dachte: »Armer Junge, wie traurig.« während der andere, der die scharfumrandete Scheibe erzeugte, bereits hinlief, um zu sehen, ob er in irgendeiner Weise Hilfe leisten könne. Der eine ist ein feinfühlender, sentimentaler Schwärmer, der andere ein Mann der zweckentsprechenden Tat.

Bei einem Begräbnisse

Tafel 34 bringt uns ein besonders treffendes Beispiel für die grundlegende Wandlung, die sich im Geiste eines Menschen vollzieht, der die großen Naturgesetze, unter denen wir leben, klar erkennt. Trotzdem diese beiden Gedankenformen in Farbe sowohl wie in Form und Bedeutung ganz von einander verschieden sind, so wurden sie doch gleichzeitig beobachtet. Sie stellen zwei verschiedene Auffassungen eines einzigen Vorfalles dar. Sie wurden bei einem Begräbnisse wahrgenommen, und sie veranschaulichen die Gefühle in den Gemütern zweier Leidtragenden bei dem Gedanken an den Tod. Die Denker standen im selben Verhältnisse zu dem Toten, aber während der eine in tiefer

Unwissenheit über das Leben nach dem Tode befangen war, was heutzutage allerdings zur Bildung gehört, hatte der andere den großen Vorteil der Aufklärung durch die theosophische Welt- und Lebensanschauung. In dem Gedanken des ersteren sehen wir nichts als tiefe Niedergeschlagenheit, Furcht und Selbstsucht. Die Tatsache, daß der Tod ihm so nahe gekommen war, hatte wahrscheinlich in der Seele des Leidtragenden den Gedanken wachgerufen, daß er auch einst sterben müsse, und das Vorgefühl des Todes ist ihm schrecklich. Da er nicht weiß, was er eigentlich fürchtet, sind die Wolken, die seine Gefühle zum Ausdrucke bringen, unbestimmt.

Seine einzigen bestimmten Empfindungen sind Verzweiflung und das Gefühl seines persönlichen Verlustes, und sie drücken sich in regelmäßigen Streifen von Braungrau und Bleigrau aus, während das seltsam abwärts gerichtete Anhängsel, das tatsächlich ins Grab hinuntersteigt und den Sarg einschließt, der Ausdruck des stark selbstsüchtigen Wunsches ist, den Toten ins physische Leben zurückziehen zu wollen.

Es ist erfrischend, sich von diesem düstern Bilde zu der ganz verschiedenen Wirkung zu wenden, die derselbe Vorgang durch das Gemüt eines Menschen hervorbringt, der versteht, um was es sich handelt. Man bemerkt, daß die beiden keine einzige Empfindung gemeinschaftlich haben; im ersten Falle nur Verzagtheit und Schrecken, hier nur die höchsten und schönsten Gefühle. Auf der Basis der Gedankenform finden wir den vollen Ausdruck tiefer Sympathie, und zwar drückt das Hellgrün die Anteilnahme an dem Schmerze der Leidtragenden aus, während das Band von dunklerem Grün die Stellung des Denkers gegenüber dem Toten selbst andeutet. Die tiefe Rosafarbe zeigt die Liebe sowohl für den im Sarge Liegenden, als auch für die Leidtragenden, und der obere Teil des Kegels, sowohl wie die daraus aufsteigenden Sterne, sind ein Beweis für das, in dem Denker durch die Betrachtung des Todes erregte Gefühl. Das Blau drückt die Frömmigkeit desselben aus. Die violette Farbe symbolisiert den Gedanken an ein hohes Ideal und die Kraft, sich ihm hinzugeben, und die goldenen Sterne sprechen von der geistigen Sehnsucht, die durch diese Betrachtung hervorgerufen wurde. Das hellgelbe Band im Mittelpunkte dieser Gedankenform ist sehr bezeichnend, denn es deutet an, daß die ganze Haltung dieses Menschen durch sein intellektuelles Verständnis der Situation hervorgerufen ist und darauf beruht. Diese Tatsache wird ferner auch durch die Regelmäßigkeit der Farbenzusammenstellung und durch die Bestimmtheit der zwischen ihnen bestehenden Grenzlinien bestätigt.

Der Vergleich dieser beiden Abbildungen ist ein wahrhaft sprechendes Zeugnis für den Wert der durch die theososophischen Lehren gegebenen Erkenntnis und Aufklärung. Dieses sichere Wissen immer wieder vertieft und vermehrt, beseitigt alle Furcht vor dem Tode und macht das Leben erträglicher, weil wir seinen Zweck und sein Ziel verstehen und einsehen, daß der biologische Tod ein ganz natürlicher Vorgang, eine notwendige Stufe in unserer Entwicklung ist. Das sollte unter den christlichen Völkern allgemein bekannt sein. Da es aber nicht der Fall ist, hat die Theosophie in dieser, wie in so mancher andern Hinsicht, für den Westen eine Aufgabe zu erfüllen. Sie hat zu verkünden, daß es keinen dunklen, unergründlichen Abgrund jenseits des Grabes gibt, sondern statt dessen eine Welt voll Leben und Licht, die wir ebensogut klar und deutlich wahrnehmen können wie die physische Welt, in der wir jetzt leben. Wir haben uns die Dunkelheit selbst geschaffen, wie Kinder, die sich mit grausigen Geschichten, die sie schließlich glauben, schrecken, und wir brauchen nur die wahren Tatsachen ernstlich zu studieren, dann werden diese künstlichen Wolken schnell vorüberziehen. Wir haben in dieser Hinsicht einen Wust von „Urväter-Hausrat" hinter uns, denn wir haben von unsren Vorfahren allerlei schauerliche Anschauungen und Suggestionen über den Tod geerbt, wir sind an sie gewöhnt, und wir sehen nicht ihre Ungeheuerlichkeit. Die Alten waren in dieser Hinsicht weiser als wir, denn sie brachten diese düsteren Wahnvorstellungen nicht mit dem Tode des Körpers in Zusammenhang — zum Teil vielleicht, weil sie eine vernünftigere Methode hatten, den Körper zu beseitigen, eine Methode, die nicht nur viel gesünder für die Lebenden war, sondern auch frei von dem abergläubischen Vorstellungen, die man sich von dem langsamen Verwesen macht. In jenen Tagen wußte man viel mehr über den Tod, und weil man mehr wußte, trauerte man weniger.

Bei der Begegnung eines Freundes
Tafel 35 gibt uns ein Beispiel einer guten, klar umrandeten und ausdrucksvollen Gedankenform, bei der jede Farbe

von der andern deutlich abgegrenzt ist. Sie enthüllt den Gefühlskomplex eines Menschen beim Wiedersehen seines lange von ihm getrennten Freundes. Die gewölbte Oberfläche des Halbmondes ist dem Denker am nächsten, und die beiden Arme strecken sich dem herbeieilenden Freunde entgegen, als wenn sie ihn umarmen wollten. Die Rosafarbe ist die Farbe der Zuneigung, die in seinem Herzen aufsteigt, das helle Grün die Stärke der vorhandenen Sympathie, und das helle Gelb ist ein Zeichen für die geistige Freude, mit dem der Schöpfer der Gedankenform das Wiederauftauchen der wundervollen Erinnerungen an längst vergangene Zeiten vorausfühlt.

Die beifällige Aufnahme eines Gemäldes

In Tafel 36 haben wir eine recht komplizierte Gedankenform, die die freudige Wertschätzung eines schönen Bildes religiösen Inhaltes darstellt. Das stark ausgeprägte, reine Gelb bezeichnet die Anerkennung der technischen Geschicklichkeit des Künstlers von seiten des begeisterten Beschauers, während alle andern Farben die verschiedenen Empfindungen ausdrücken, die die Betrachtung eines so herrlichen Kunstwerkes in ihm erwecken. Das Grün zeigt seine Sympathie mit der Mittelfigur des Bildes an; seine tiefe Andacht kommt nicht nur in dem breiten, blauen Bande zum Ausdrucke, sondern auch in dem Umrisse der ganzen Figur, während die violette Farbe uns zeigt, daß die Gedanken des Menschen beim Betrachten des Bildes auf ein hohes Ideal gerichtet sind, und er, wenigstens für diese Zeit, fähig ist, sich dafür empfänglich zu machen. Wir haben hier das erste

70

Beispiel einer interessanten Art von Gedankenformen, bei denen das Licht einer Farbe durch ein Liniennetz von verschiedenen Farben hindurchscheint. Wir finden später zahlreiche Gedankenformen dieser Art. Man kann bemerken, daß hier von dem violetten Teile der Gedankenform viele wellenförmige Linien aufsteigen, die wie kleine Ströme über eine goldene Ebene dahinlaufen. Daraus ist ersichtlich, daß das Streben nach dem Höchsten durchaus nichts Unbestimmtes ist, sondern durch ein verständnisvolles Erfassen der Methode, die dieses Streben verwirklichen kann, in die Tat umgesetzt wird.

FORMEN, DIE IM ZUSTANDE DER MEDITATION WAHRGENOMMEN WURDEN*)

Allumfassende Liebe und Sympathie

Bisher haben wir meist nur solche Formen betrachtet, die der Ausdruck von Empfindungen oder von solchen Gedanken waren, die durch äußere Umstände im Gemüte hervorgerufen werden. Es ist jetzt unsere Aufgabe, uns mit Formen zu beschäftigen, die durch Gedanken hervorgebracht werden, die aus dem Inneren aufsteigen, d. h. Formen, die während der Meditation entstehen. — Jede solcher Formen ist eine Wirkung, die durch bewußte Bemühung des Denkers entstanden ist, wenn er einen gewissen Begriff

---

*) Hier ist wohl zunächst von der sogenannten »Meditation mit Saat« die Rede. Als solche bezeichnet Patanjali Meditationen, in denen der betrachtete Gegenstand als solcher noch vor dem Denkprinzipe gegenwärtig ist. (Siehe: Die Yoga-Aphorismen des Patanjali I, XLVI).   Red.

bilden oder sich auf einen bestimmten geistigen Standpunkt
stellen will. Diese Gedanken sind natürlich klar und bestimmt,
denn der Mensch, der so an sich arbeitet, lernt auch klar
und bestimmt denken, und die Entwicklung seiner Kraft
in dieser Richtung zeigt sich in der Schönheit und Regelmäßigkeit der erzeugten Formen. In Tafel 37 sehen wir
das Resultat einer Bemühung des Denkers, sich ganz mit
Sympathie und Liebe für die Menschheit zu erfüllen. So
sind eine Reihe anmutiger, hellgrüner Linien der Sympathie entstanden, durch die die stark rosige Farbe der
Liebe hindurchscheint. Die Linien sind noch breit genug
und in genügender Entfernung voneinander, um mit Leich-
tigkeit gezeichnet zu werden; aber in einigen höheren Arten
dieser Gedankenform sind die Linien so fein und dicht,
daß keine menschliche Hand sie so darstellen könnte, wie
sie in Wirklichkeit sind. Der Umriß dieser Figur hat die
Form eines Blattes, aber ihre Gestalt und die Biegung ihrer
Linien erinnern mehr an eine gewisse Muschelart, so daß
wir hier also wieder ein anderes Beispiel der Annäherung
an Formen haben, wie sie in der physischen Materie gesehen
werden, worauf wir schon bei Erläuterung der Tafel 16
hingewiesen haben.

Der Wunsch, im Ganzen aufzugehen

In Tafel 38 haben wir ein weit vollkommeneres Beispiel
ähnlicher Art. Diese Form wurde von jemand erzeugt,
der während einer Meditation versuchte, sein ganzes Gemüt
mit dem Gedanken zu erfüllen, die ganze Menschheit zu
umfassen, um sie zu einem hohen Ideale emporzuziehen,

das klar vor seinem geistigen Auge stand. Daher kommt es, daß die Form gleichsam von ihm wegzufliegen scheint, sich um sich selbst dreht und zu ihrem Ausgangspunkte zurückkehrt. Aus diesem Grund erstrahlen die wunderbar feinen Linien in einem so lieblich leuchtenden Violett, und unter der Form scheint ein prächtiges, goldenes Licht hervor, das leider unmöglich dargestellt werden konnte. In Wirklichkeit sind alle diese scheinbar verworrenen Linien nur eine einzige Linie, die immer und immer wieder mit unermüdlicher Geduld und wunderbarer Genauigkeit um die Form herumkreist. Es ist fast unmöglich, daß eine menschliche Hand eine solche Zeichnung in dieser Abstufung machen kann, und die Wirkung der Farben konnte überhaupt nicht zum Ausdrucke kommen, denn die Erfahrung lehrt, daß, wenn man feine veilchenfarbene Linien ganz dicht nebeneinander auf gelbem Grunde zeichnet, sich sofort eine rein graue Farbenwirkung ergibt, und so jede Ähnlichkeit mit dem Originale zerstört wird. Aber was eine Hand nicht zustande bringen kann, wird manchmal durch die größere Genauigkeit und Zartheit einer Maschine hervorgebracht, und auf diese Weise ist die Zeichnung entstanden, die unser Bild wiedergibt. Es ist ein Versuch, die Wirkung der Farbe, sowohl wie die wundervolle Feinheit der geraden und der gebogenen Linien darzustellen.

In den sechs Richtungen

Die in Tafel 39 dargestellte Form ist auch die Wirkung des Strebens, Liebe und Sympathie nach allen Richtungen auszustrahlen, ein ganz ähnliches Bestreben, als jenes, das auf

Tafel 37 erzeugt wurde, obgleich das Ergebnis so verschieden scheint. Die Gründe für diese Verschiedenheit und für die hier angenommene, seltsame Gestalt geben eine sehr interessante Erläuterung für die Art, in der Gedankenformen entstehen. Es ist einleuchtend, daß in diesem Falle der Denker ein besonders frommes Gefühl offenbarte, und daß er auch eine geistige Anstrengung gemacht hat, um die für die Erfüllung seiner Wünsche nötigen Bedingungen zu ergreifen. Das beweisen die blauen und gelben Farbentöne. Ursprünglich war diese Gedankenform kreisförmig, und ihre herrschende Idee war augenscheinlich, daß das Grün der Sympathie an der Außenseite sein sollte, allen Richtungen entgegengesetzt, und daß die Liebe im Mittelpunkte und im Herzen der Gedankenform liegen und alle ausstrahlenden Energien leiten sollte. Aber der Schöpfer dieser Gedankenform hatte sich mit indischen Gedankengängen vertraut gemacht, durch die seine Denkweise sehr beeinflußt worden war.

Kenner der orientalischen Literatur wissen, daß der Hindu nicht von vier Richtungen (Norden, Osten, Süden, Westen) spricht wie wir, sondern immer von sechs, da er vernünftigerweise den Zenith und den Nadir einschließt. Unser Freund war durch seine Lektüre von der Idee erfüllt, daß er seine Liebe und Sympathie nach sechs Richtungen ausstrahlen sollte; aber da er nicht genau wußte, was unter den sechs Richtungen zu verstehen ist, so richtete er den Strom seiner Liebe nach sechs gleich entfernten Punkten in seinem Kreise. Die ausgehenden Ströme veränderten die Gestalt der hinausstrahlenden Linien, die er schon gebildet hatte, und so

74

haben wir statt eines Kreises als Durchschnitt seiner Gedankenform dieses sonderbare Sechseck mit seinen nach innen gekrümmten Seiten. Wir sehen also, wie treu jede Gedankenform den genauen Prozeß ihres Entstehens bewahrt und unauslöschlich sogar die Irrtümer ihres Aufbaues zum Ausdrucke bringt.

Eine intellektuelle Auffassung der kosmischen Ordnung.

In Tafel 40 haben wir das Ergebnis eines Versuches, die kosmische Ordnung intellektuell zu begreifen. Der Denker war augenscheinlich ein Schüler der Theosophie, und man sieht, daß, wenn er versucht, sich die Wirksamkeit des Geistes auf die Materie vorzustellen, er sich instinktiv derselben Symbole bedient, wie sie das bekannte Siegel der Theosophischen Gesellschaft hat. Wir haben hier ein nach oben gerichtetes Dreieck, das den dreifachen Aspekt des Geistes darstellt, mit einem nach unten gerichteten Dreiecke verschlungen, das die Materie mit den drei ihr innewohnenden Eigenschaften bedeutet.*) Gewöhnlich wird das aufwärts gerichtete Dreieck weiß oder golden dargestellt, und das abwärts gerichtete dunkel, entweder blau oder schwarz. Der Denker ist hier so ganz mit seinem intellektuellen Bemühen damit beschäftigt, daß ja die gelbe Farbe in der Form sichtbar werde. Hier ist noch kein Raum für Empfindungen der Anbetung, des Erstaunens oder der Bewunderung. Die Idee, die er sich vorstellen will, erfüllt sein Gemüt so vollständig, daß alles andere ausgeschlossen

---

*) Die drei Zustände oder Eigenschaften (Gunas) der Materie sind: Tamas, Rajas, Sattwa (Stoff, Kraft, Bewußtsein).

wird. Jedoch zeigt die Klarheit der Umrisse, mit der sie gegen den Hintergrund der Strahlen hervortreten, daß sein Bestreben von großem Erfolg gekrönt ist.

Der im Menschen geoffenbarte LOGOS

Wir kommen jetzt zu einer Reihe von Gedanken, die zu den höchsten gehören, die die menschliche Seele, die in einer Meditation über den göttlichen Ursprung alles Seins versunken ist, sich bilden kann. Wenn sich der Mensch ehrfurchtsvoll in anbetungsvoller Betrachtung bemüht, sich bis zu dem LOGOS unseres Sonnensystemes zu erheben, dann versucht er natürlich nicht, sich dieses erhabene Wesen vorzustellen, auch denkt er IHN nicht in irgendeiner Form, die für uns begreiflich ist. Dennoch bilden solche Gedanken in der Materie des Mentalplanes ihre eigenen Formen, und es ist wertvoll für uns, diese Formen zu betrachten. In unserer Abbildung auf Tafel 41 haben wir einen Gedanken an den im Menschen sich manifestierenden LOGOS mit dem hingebenden Wunsche, daß ER sich durch den Denker offenbaren möchte. Dieses Gefühl der Anbetung gibt dem fünfeckigen Sterne die zarte, blaue Färbung, und seine Gestalt ist insofern bedeutungsvoll, als sie seit Jahren als Symbol des im Menschen geoffenbarten GOTTES verwandt wurde. Der Denker war vielleicht ein Freimaurer, und seine Kenntnis der Symbolik, wie ihn diese Gesellschaft angenommen hat, mag wohl dazu beigetragen haben, dem Sterne diese Form zu geben. Man sieht, daß der Stern von hellen, gelben Strahlen umgeben ist, die sich inmitten einer leuchtenden Wolke be-

76

finden, und das bedeutet nicht nur das verehrungsvolle Verständnis der alles übersteigenden Herrlichkeit GOTTES, sondern auch neben dem Gefühle der Anbetung ein klares, geistiges Bestreben.

Der alles durchdringende LOGOS

Unsere nächsten drei Abbildungen sind dem Bemühen gewidmet, einen Gedanken von sehr hohem Typus darzustellen: ein Versuch, sich den das ganze Universum durchdringenden LOGOS vorzustellen. Auch hier, wie in Tafel 38 ist es unmöglich, eine vollständige Reproduktion zu geben, und wir müssen unsere Leser bitten, mit ihrer Phantasie einigermaßen die Mängel der Zeichnung und des Druckes zu ergänzen. Die in Tafel 42 dargestellte goldene Kugel muß man sich ins Innere der anderen, von zarten blauen Linien gebildeten Kugel hineinversetzt denken, Abb. 44. Jedes Bemühen, die Farben auf dem physischen Plane so dicht gegenüberzustellen, ruft nur einen grünen Fleck hervor, wodurch der ganze Charakter der Gedankenform verloren geht. Nur durch die schon erwähnte Maschine ist es überhaupt möglich, die Anmut und Zartheit der Linien darzustellen. So wie vorher bildet auch hier eine einzige Linie die wundervolle Zeichnung auf Abb. 44, und die Wirkung der vier strahlenförmigen Linien, die eine Art Lichtkreuz hervorbringen, verdanken wir dem Umstande, daß die gebogenen Linien nicht ganz konzentrisch sind, wenn sie auch im ersten Augenblicke so erscheinen mögen.

77

Eine andere Auffassung

Abb. 45 stellt die von einem anderen Menschen geschaffene Form dar, als er versuchte, genau denselben Gedanken zu bilden. Hier haben wir auch eine erstaunliche Zusammensetzung von unfaßbar zarten, blauen Linien, und auch hier müssen wir unsere Phantasie zu Hilfe nehmen, um die goldene Kugel der Tafel 42 hineinzuversetzen, so daß ihr Glanz überall hindurchscheinen kann. Auch hier, wie in Abb. 44, haben wir dieses seltsame, schöne Muster, das der Damaszenerarbeit an altorientalischen Schwertern ähnlich ist, oder das man auf Moiré-Seide sieht. Wenn diese Form durch das Pendel gezeichnet wird, dann ist das Muster durchaus nicht absichtlich wiedergegeben, sondern es erscheint nur als eine Folge der Kreuzung der unzähligen, mikroskopisch feinen Linien. Es ist klar, daß der Denker, der die Form in Abb. 44 schuf, sich in ganz hervorragender Weise auf die Einheit des LOGOS konzentriert hat, während der Schöpfer der Formen der Abb. 45 an die untergeordneten Zentren gedacht hat, durch die das göttliche Leben ausströmt, und viele davon sind demgemäß in der Gedankenform dargestellt.

Die dreifache Offenbarung

Als die Form der Abb. 46 entstand, bemühte sich ihr Schöpfer, an den LOGOS in einer dreifachen Offenbarung zu denken. Der leere Raum im Mittelpunkte der Form war ein blendender Schein gelben Lichtes. Das stellt den ersten Aspekt dar, während der zweite durch den breiten Ring dicht verknüpfter und fast verwirrender Linien, die den Mittelpunkt umgeben, symbolisiert ist; der dritte Aspekt dagegen wird durch den äußeren Ring veranschaulicht, der loser gewebt erscheint. Die ganze Figur ist, wie die andere, von dem goldenen Lichte durchdrungen, das durch die violetten Linien hindurchscheint.

Die siebenfache Offenbarung

In allen Religionen findet man eine Überlieferung der großen Wahrheit, daß der LOGOS sich durch sieben mächtige Kanäle offenbart, die bisweilen als die kleineren Logoi oder die großen Planetengeister bezeichnet werden. In der christlichen Lehre erscheinen sie als die »Sieben Großen Erzengel« und werden »die sieben Geister vor dem Throne GOTTES« genannt. Abb. 47 zeigt das Ergebnis der Bemühung, über diese Art der göttlichen Offenbarung zu meditieren. Wir haben im Mittelpunkte das goldene Licht, und es durchdringt auch, wenngleich mit geringerem Glanze, die Form. Die Linie ist blau, und sie zeichnet hintereinander sieben anmutige und fast federartige Doppelflügel, die den Glanz des Mittelpunktes umgeben und als dazu gehörig gedacht werden müssen. Wenn der Gedanke an Kraft zunimmt und sich ausbreitet, dann werden die schönen Flügel violett und erinnern an die Blätter einer Blume, die sich in einem verwickelten, aber außerordentlich wirksamen Muster überdecken. Das gibt uns einen sehr interessanten Einblick in den Aufbau und das Wachstum dieser aus feinerem Stoffe gebildeten Formen.

Intellektuelles Streben

Die auf Tafel 43 dargestellte Form hat eine gewisse Ähnlichkeit mit der auf Tafel 15, aber so schön auch jene war, so stellt diese in Wirklichkeit einen weit erhabeneren und großartigeren Gedanken dar und deutet auf eine viel weiter fortgeschrittene Entwicklung des Denkers.

Hier haben wir einen großen, deutlich umrandeten Speer oder Stift von reinem, hellem Violett, wodurch die Hingebung an das höchste Ideal ausgedrückt wird. Die Form ist durch eine außerordentlich feine Kundgebung der höchsten Entwicklung des Intellekts umrissen und gebildet. Der Mensch, der so denken kann, muß bereits den Pfad der Heiligkeit beschritten haben, denn er hat gelernt, wie er die Kraft des Gedankens zu einer sehr mächtigen Wirkung gebrauchen kann. Man bemerkt in beiden Farben eine starke Mischung von weißem Lichte, das immer ungewöhnliche, geistige Macht bedeutet.

Das Studium dieser Gedankenformen sollte in der Tat ein sehr wirkungsvoller Anschauungsunterricht sein, da wir daraus ersehen können, was wir vermeiden und auch was wir pflegen müssen. Allmählich werden wir so verstehen lernen, wie groß unsere Verantwortlichkeit bei der Ausübung dieser gewaltigen Macht ist. Es ist in der Tat eine äußerst bedeutsame Wahrheit, wie wir anfangs aussprachen, daß Gedanken Dinge, ja mächtige Dinge sind; und wir müssen immer daran denken, daß jeder einzelne von uns sie während des Tages und der Nacht unaufhörlich schafft.

Wie groß ist das Glück, das uns durch diese Kenntnis wird! Wie segensreich können wir sie anwenden, wenn wir an die

Leidenden und an die kummervollen Herzen denken. Oft
verhindern uns äußere Umstände, durch Wort oder Tat
physische Hilfe zu bringen, so sehr wir es auch wünschen
mögen; aber es gibt keinen Fall, wo man nicht Hilfe durch
Gedanken spenden kann, und keinen, wo sie nicht eine bestimmte Wirkung erzielt. Es mag oft geschehen, daß unser
Freund in dem betreffenden Augenblicke zu sehr mit seinen
eigenen Leiden beschäftigt, oder vielleicht zu erregt ist,
um irgendeine Eingebung von außen zu empfangen und
anzunehmen, aber es kommt eine Zeit, wo unsre Gedankenform eindringt und sich entladet, und dann wird unsere
Sympathie die beabsichtigte Wirkung hervorbringen. Es
ist wahr, daß die Verantwortung, eine solche Macht zu
benutzen, groß ist, jedoch sollten wir uns dadurch nicht
von unserer Pflicht in dieser Hinsicht zurückschrecken
lassen. Leider besteht die traurige Tatsache, daß viele Menschen ihre Gedankenkraft unbewußt hauptsächlich zum
Bösen gebrauchen, doch gerade darum ist es um so nötiger,
daß die unter uns, die anfangen, das Leben einigermaßen zu verstehen, sie bewußt und zu heiligen Zwecken
anwenden sollten. Wir haben ein unfehlbares Kennzeichen
zu unserer Verfügung; wir können die mächtige Gedankenkraft nie mißbrauchen, wenn wir sie immer im Ein-
klange mit den großen, göttlichen Entwicklungsgesetzen und zur sittlichen und intellektuellen
Hebung unsrer Mitmenschen gebrauchen.

Hilfreiche Gedanken

Auf Tafel 48 bis 54 sehen wir die Wirkungen systematischer Versuche hilfreiche Gedanken auszusenden. Sie stammen von unserem Freunde, der uns diese Zeichnungen lieferte. An jedem Tage wurde eine bestimmte Zeit dazu festgesetzt. In einigen Fällen wurden die Formen von dem Übersender gesehen, aber immer wurden sie von dem Empfänger wahrgenommen, der sogleich mit der nächsten Post Skizzen von dem Gesehenen an den Übersender schickte, und der uns in bezug darauf folgende Notizen überließ.

»In den beigefügten farbigen Zeichnungen scheinen die blauen Farbenschattierungen mehr das fromme Element des Gedankens dargestellt zu haben. Die gelben Formen begleiteten das Bestreben, intellektuelle Stärke mitzuteilen oder mentale Kraft und Mut. Die rosa Farbe erschien bei einem liebevollen, sympathischen Gedanken.« Wenn der Absender A seinen Gedanken wohlbedacht zur festgesetzten Zeit bilden konnte, dann berichtete der Empfänger B jedesmal, daß er eine große, klare Form wie in Tafel 48, 49 und 54 gesehen hatte. Diese blieb einige Minuten in der Erscheinung und strömte fortgesetzt ihre leuchtende gelbe »Botschaft« auf B aus. War jedoch A gezwungen unter Hindernissen zu experimentieren, z. B. wenn er auf der Straße ging, so sah er bisweilen seine Gedankenformen in kleinere Globen oder Gestalten verteilt, wie in Tafel 50, 51, 52, und B pflegte sie dann auch in seinem Berichte so zu beschreiben. Auf diese Weise konnten viele Einzelheiten festgestellt und verglichen werden, und zwar von entgegengesetzten Endpunkten der Linie, auch die Art des sich übertragenden Einflusses bot

ein Beglaubigungsmittel. Bei einer Gelegenheit wurde A,
als er einen Gedanken von einem blaurosa Gepräge senden
wollte, in seinem Bemühen durch ein Gefühl der Furcht
gestört, daß die Natur des rosa Elementes mißverstanden
werden könnte. B berichtete, daß er zuerst eine klar be-
grenzte Kugel sah, wie Tafel 54, daß diese aber plötzlich
verschwand und durch aufeinander folgende, bewegliche,
kleine, hellgrüne Dreiecke (siehe Tafel 53) ersetzt wurde.
Diese wenigen Zeichnungen geben nur eine schwache Idee
von den gesehenen mannigfachen, blumenartigen und geometrischen Formen, während weder Pinsel noch Stift fähig
sind, die strahlende Schönheit ihrer lebendigen Farben darzustellen.

DURCH MUSIK GEBILDETE FORMEN

Ehe wir diese kleine Abhandlung schließen, wird es für unsere Leser vielleicht von Interesse sein, einige wenige Beispiele einer anderen Klasse von Formen kennen zu lernen, die denen, die darauf beschränkt sind, nur durch ihre physischen Sinne belehrt zu werden, bisher unbekannt waren. Viele Menschen wissen, daß Töne immer in Verbindung mit Farben auftreten, daß, wenn z. B. ein Ton angeschlagen wird, zu gleicher Zeit ein entsprechender Farbenblitz von dem Hellseher, dessen höhere Sinne bereits bis zu einem gewissen Grade entwickelt sind, wahrgenommen werden kann. Es scheint nicht so allgemein bekannt zu sein, daß Töne ebensowohl Formen wie Farben hervorbringen, und daß jedes Musikstück einen Eindruck hinterläßt, der längere Zeit hindurch andauert und denen deutlich sichtbar und verständlich ist, die Augen haben zu sehen. Eine solche Gestalt ist vielleicht technisch keine Gedankenform, wenn wir sie nicht, wie wir es wohl könnten, als das Ergebnis des musikalischen Gedankens bezeichnen, durch den die Kunst des Musikers mit Hilfe seines Instrumentes zum Ausdrucke kommt.

Einige dieser Formen sind sehr überraschend und eindrucksvoll, und natürlich ist ihre Mannigfaltigkeit unendlich groß. Jede Art Musik hat ihren eigenen Formentypus, und der Stil des Komponisten zeigt sich so klar in der von seiner Musik erbauten Form, wie sich der Charakter eines Menschen in seiner Handschrift spiegelt. Die verschiedenen Instrumente, auf denen die Musik hervorgebracht wird, und auch die Fähigkeiten des Musikers, ermöglichen andere Verschiedenheiten. Ein Musikstück bringt, wenn es sorgfältig gespielt wird, immer ein und dieselbe Form hervor, aber sie ist unendlich viel größer, wenn das Stück von einer Kirchenorgel oder von einer Militärkapelle, als wenn es auf einem Piano gespielt wird, und nicht nur die Größe, sondern auch das Gewebe der sich ergebenden Form wird sehr verschieden sein. Ein ähnlicher Unterschied ist bei demselben Musikstücke zu beobachten, je nachdem es auf einer Violine oder auf einer Flöte gespielt wird. Die Schönheit des Spieles übt auch ihre Wirkung aus. Es besteht ein wunderbarer Unterschied zwischen der strahlenden Schönheit der Form, die durch das in Ausdruck und Ausführung gleich vollkommene Werk eines wahren Künstlers geschaffen ist, und der verhältnismäßig matten und undeutlichen Form, die durch die Anstrengung des hölzernen und mechanischen Spielers hervorgebracht wird. Die kleinste Ungenauigkeit in der Technik hinterläßt natürlich den entsprechenden Mangel in der Form. Der genaue Charakter der musikalischen Vorführung zeigt sich ebenso klar dem hellsehenden Beobachter wie dem Zuhörer. Es ist klar, daß, wenn Zeit und Raum es erlaubten, man Hunderte von Bänden mit Zeichnungen der von verschiedenen Musikstücken unter verschiedenen Verhältnissen gebildeten Formen füllen könnte. Alles, was innerhalb einer vernünftigen Grenze geschehen kann, ist, einige Beispiele der hervorragenden Typen anzuführen. Für den Zweck dieses Buches haben wir uns auf drei beschränkt, und zwar haben wir Musikstücke ausgewählt, die leicht erkennbare Kontraste aufweisen, und der

Einfachheit des Vergleiches halber stellen wir sie alle dar, wie sie beim Spielen auf demselben Instrumente, einer sehr schönen Kirchenorgel, hervortreten. Auf unseren Platten erscheint die Kirche sowohl wie die Tonform, die sich hoch über ihr in die Luft emportürmt; und es sei darauf hingewiesen, daß, obgleich die Zeichnungen von sehr verschiedenem Maßstabe sind, die Kirche in allen drei Fällen die gleiche ist, und man daher die relative Größe der Tonform leicht berechnen kann. Die wirkliche Höhe des Kirchturmes beträgt fast 100 Fuß, woraus man ersehen kann, daß die durch eine gewaltige Orgel hervorgebrachte Tonform in ihrer Größe ganz enorm sein muß. Solche Formen bleiben als ein zusammenhängendes Gebilde eine geraume Zeit hindurch bestehen — ein bis zwei Stunden wenigstens — und während dieser Zeit strömen sie ihre charakteristischen Schwingungen nach allen Richtungen aus, gerade wie es unsere Gedankenformen tun. Wenn die Musik gut ist, kann der Eindruck solcher Schwingungen auf alle, auf die sie einwirkt, nur ein erhebender sein. Daher ist die Kirchengemeinde dem Musiker, der solchen wohltätigen Einfluß ausströmt, zu wirklichem Danke verpflichtet, denn er kann auf Hunderte einwirken, die er niemals sah und die er auf dem physischen Plane niemals kennen lernen wird.

Mendelssohn

Die erste Form, eine verhältnismäßig kleine und einfache, ist auf Platte M gezeichnet. Man sieht hier eine Gestalt, die in ihren groben Umrissen die Form eines Ballons darstellt, deren gekerbter Rand aus einer doppelt-violetten Linie

86

besteht. Im Inneren sind verschiedenfarbige Linien, die fast parallel mit der Außenlinie laufen; und ferner sehen wir eine andere, etwas ähnliche Anordnung von Linien, die die erste scheinbar durchkreuzt und durchdringt. Beide Linienreihen gehen direkt von der Orgel innerhalb der Kirche aus und dringen daher aufwärts durch das Dach, denn natürlich ist die physische Materie kein Hindernis für ihre Formbildung. In dem hohlen Mittelpunkte der Form schweben eine Anzahl kleiner Halbmonde, die auf vier vertikale Linien verteilt sind.

Wir wollen jetzt versuchen, die Bedeutung dieser ganzen Tonform zu erklären, die dem Neulinge wohl recht unverständlich erscheinen mag, und ihm einigermaßen klarmachen wie sie in die Erscheinung tritt. Es sei daran erinnert, daß es eine Melodie von einfachem Charakter ist, die einmal durchgespielt wurde. Daher können wir die Form analysieren, was bei einer schwierigeren und weniger einfachen Probe ganz unmöglich sein würde. Aber selbst in diesem Falle können wir, wie man sogleich sehen wird, nicht alle Einzelheiten auslegen. Wenn wir fürs erste von dem gekerbten Rande ganz absehen, haben wir innerhalb desselben zunächst vier verschiedenfarbige Linien, die in derselben Richtung laufen, und zwar ist die nach außen gelegene blau und die anderen karminrot, gelb und grün. Diese Linien sind ganz unregelmäßig und krumm; tatsächlich besteht jede von ihnen aus einer Anzahl kurzer Linien, die in verschiedener Höhe senkrecht zusammenlaufen. Es scheint, daß jede dieser kurzen Linien eine Note darstellt, und daß die Unregelmäßigkeit bei ihrer Anordnung die Aufeinanderfolge dieser Noten bedeutet. Jede dieser gezackten Linien drückt also die Bewegung eines Teiles der Melodie aus, während die vier ganz nahe aneinander fortlaufenden Linien den Diskant, Alt, Tenor und Baß bezeichnen, obgleich sie in der Astralform nicht mit Notwendigkeit in dieser Ordnung zu erscheinen brauchen. Hier ist es nötig, noch eine weitere Erklärung einzuschieben. Selbst in einer relativ so einfachen Melodie wie in dieser, sind die Farben und Schattierungen viel zu fein moduliert, um überhaupt nach irgendeiner Skala innerhalb unseres Bereiches dargestellt zu werden; es muß daher gesagt werden, daß jede dieser kurzen Linien, die eine Note darstellt, eine ihr eigentümliche Farbe hat, weshalb also, obgleich die äußere Linie als Ganzes blau erscheint, und die ihr nach innen zunächstliegende rot, jede einzelne bei jedem Zolle ihrer Länge an Farbe wechselt. Das, was wir sehen, ist daher keine genaue Reproduktion jedes Farbentones, sondern nur die Wiedergabe des allgemeinen Eindruckes.

Die zweimal vier Linien, die einander zu durchkreuzen scheinen, werden durch zwei Abteilungen des Musikstückes hervorgebracht. Der das Ganze umgebende gekerbte Außenrand ist das Ergebnis verschiedener Schnörkel und Arpeggien, und die schwebenden Halbmonde im Inneren bedeuten einzelne oder Staccato-Akkorde. Natürlich sind die Arpeggien nicht durchaus violett, denn jede Schleife hat eine andere Färbung, aber im ganzen genommen kommen sie doch dieser Farbe am nächsten. Die Höhe dieser Form von der Turmspitze ab gerechnet, beträgt wahrscheinlich etwas über 100 Fuß; aber da sie sich auch abwärts durch das Dach der Kirche erstreckt, beträgt ihr senkrechter Durchmesser etwa 150 Fuß. Sie wird durch eines der »Lieder ohne Worte« von Mendelssohn hervorgebracht und ist charakteristisch wegen der zarten Filigranarbeit, die so oft als das Ergebnis seiner Tonschöpfungen erscheint. Die ganze Tonform ist auf einen vielfarbig funkelnden Hintergrund projiziert, der in Wirklichkeit eine Wolke ist, die sie von allen Seiten umgibt, und die durch die Schwingungen hervorgebracht ist, die von allen Richtungen ausströmen.

Gounod

Auf Platte G haben wir ein ganz verschiedenes Stück — einen tönenden Choral von Gounod. Da die Kirche auf diesem Bilde die nämliche ist, so ist es leicht zu berechnen, daß der höchste Punkt der Form volle 600 Fuß oberhalb des Turmes sein muß, obgleich ihr senkrechter Durchmesser etwas weniger beträgt, denn der Organist hat augenscheinlich einige Minuten vorher zu spielen aufgehört, und die vollendete Gestalt schwebt hoch in der Luft, klar umrissen und im großen ganzen sphärisch, obgleich sie sich eher als eine abgeplattete Kugelform darstellt. Diese ist hohl, wie all diese Formen es sind, denn sie vergrößert sich langsam, indem sie allmählich vom Mittelpunkte nach außen strahlt, aber in dem Maße weniger hell und ätherisch aussieht, bis sie zuletzt den Zusammenhang verliert und wie eine Rauchwolke dahinschwindet. Der goldene Schein, der die Form umgibt und durchdringt, bedeutet wie oben die Ausstrahlung ihrer Schwingungen, die hier aber viel mehr von dem vorherrschenden Gelb aufweisen als in Mendelssohns sanfterer Musik.

Die Färbung ist hier viel glänzender und kräftiger als auf Platte M; denn diese Musik ist nicht so sehr eine Linie flüsternder Melodien, als vielmehr eine glänzende Aufeinanderfolge lärmender Akkorde. Der Künster hat versucht, mehr die Wirkung der Akkorde wiederzugeben, als die vereinzelter Noten, was übrigens auf einem so kleinen Maßstabe, wie dieser es ist, kaum möglich wäre. Es ist daher in diesem Falle viel schwerer, der Entwicklung der Form zu folgen; denn in diesem viel längeren Musikstücke haben die Linien sich durchkreuzt und vermischt, bis wir schließlich nur die prunkvolle allgemeine Wirkung haben, die der Komponist uns fühlbar und auch sichtbar machen wollte, wenn wir fähig wären sie zu sehen. Dennoch ist es möglich, etwas von dem Vorgange zu unterscheiden, der die Form aufbaut, und es ist am einfachsten, mit dem niedrigsten Punkte links auf der Platte anzufangen. Der große violette Vorsprung ist augenscheinlich der Anfangsakkord eines Satzes, und wenn wir die äußere Linie der Form aufwärts in ihrem Umkreise verfolgen, dann können wir eine Idee von dem Charakter jenes Satzes bekommen. Eine genauere Betrachtung wird uns zwei andere Linien offenbaren, die dieser äußeren ungefähr parallel laufen und eine ähnliche Farbenfolge in kleinerem Maßstabe aufweisen. Diese bedeuten jedenfalls eine zartere Wiederholung desselben Satzes.

Eine derartig genaue Analyse wird uns bald überzeugen, daß in diesem scheinbaren Chaos eine wirkliche Ordnung

90

herrscht, und wir werden sehen, daß, wenn es möglich wäre, diesen strahlenden Glanz bis in die kleinsten Einzelheiten genau zu reproduzieren, man auch imstande sein müßte, ihn geduldig bis zum äußersten zu entwirren und jeden lieblichen Hauch schimmernder Farbe gerade der Note beizugesellen, die ihn hervorrief. Man muß nicht vergessen, daß in dieser Illustration weit weniger Einzelheiten gegeben sind als auf Platte M; so hat z. B. jeder dieser Punkte oder Projektionen als ergänzenden Teil auf der Innenseite wenigstens die vier verschiedenfarbigen Linien oder Streifen, die auf Platte M als vereinzelte erscheinen. Hier vermischen sie sich in eine Schattierung und geben nur den allgemeinen Eindruck des Akkords wieder. Bei M verbanden wir horizontal die charakteristischen Merkmale einer Reihenfolge von Noten, die in eine verschmolzen war, aber um die Wirkung der vier gleichzeitigen Teile klar auseinander zu halten, benutzten wir für jeden von ihnen eine verschieden gefärbte Linie. Bei G versuchen wir genau das Gegenteil, denn wir kombinieren und mischen senkrecht und vermischen nicht die aufeinander folgenden Noten eines Teiles, sondern die Akkorde, von denen jeder wahrscheinlich sechs oder acht Noten enthält. Die wirkliche Erscheinung vereinigt diese beiden Wirkungen mit einer unbeschreiblichen Fülle von Einzelheiten.

Wagner

Niemand, der sich mit dem Studium dieser Tonformen beschäftigt hat, wird die wunderbare, auf Platte W illustrierte Bergkette einem anderen, als dem Genie Richard Wagners zuschreiben, denn kein anderer Komponist hat Tongebäude mit solcher Kraft und Entschiedenheit hervorgebracht. In diesem Falle haben wir einen großen, glockenförmigen Aufbau, volle 900 Fuß hoch und fast ebensoviel im Grunddurchmesser, der über der Kirche, von der er ausgegangen ist, in der Luft schwebt. Er ist hohl wie die Tonform Gounods, aber im Gegensatze zu dieser am Grunde offen. Die Ähnlichkeit mit sich nach und nach zurückziehenden Bergwänden ist fast vollkommen, und das Ganze wird durch wellenförmige Wolkenmassen erhöht, die zwischen den Spalten dahinrollen und eine perspektivische Wirkung hervorbringen. In dieser Zeichnung ist kein Versuch gemacht worden, die Wirkung einzelner Noten oder Akkorde zu zeigen; jede Reihe der lebendigen Felsmassen stellt in Größe, Gestalt und Farbe nur die allgemeine Wirkung von einem der Abschnitte des Musikstückes dar, aus einiger Entfernung gesehen. Aber man muß sich dabei klarmachen, daß in Wirklichkeit sowohl diese, wie die auf Platte G dargestellte Torform, ebensoviele kleine Einzelheiten enthalten, wie die auf Platte M, und daß alle diese prächtigen Farbenzusammenstellungen aus vielen, verhältnismäßig kleinen Streifen bestehen, die getrennt bei dem hier angenommenen Maßstabe nicht sichtbar sein würden. In der Allgemeinwirkung hat jede Bergspitze ihre eigene, glänzende Färbung, gerade wie man es auf dem Bilde sieht, — ein prachtvoller Flecken von greller, lebhafter Farbe, jede einzelne erglüht im Scheine ihres eigenen Lichtes und verbreitet über die ganze Gegend einen strahlenden Glanz. Doch schimmern in jeder dieser Farbmassen fortwährend andere

92

Farben, wie man es auf der Oberfläche von geschmolzenem Metalle sieht. Das Funkeln und Glitzern dieser wundervollen Gebilde geht weit über das Bereich einer Beschreibung mit physischen Hilfsmitteln hinaus.

Ein auffallender Zug in dieser Tonform ist der radikale Unterschied zwischen den beiden sich darin aussprechenden Arten der Musik, von denen die eine eckige Felsmassen und die andere die dazwischen liegenden runden, wolkigen Gebilde hervorbringt. Andere Motive kommen durch die breiten blauen, rosa und grünen Streifen zum Ausdrucke, die am Grunde der Glocke erscheinen, und die sich hindurchschlängelnden weißen und gelben Linien sind wahrscheinlich durch eine sich leicht kräuselnde Arpeggio-Begleitung hervorgebracht.

In diesen drei Platten ist nur die unmittelbare, durch die Tonschwingungen geschaffene Form gezeichnet worden, obgleich der Hellseher sie gewöhnlich von kleineren Formen umgeben sieht, die das Resultat der persönlichen Gefühle des Spielers oder die durch die Musik erregten Empfindungen der Zuhörer vorstellen. Wir fassen kurz zusammen: Auf Platte M haben wir eine kleine und verhältnismäßig einfache Form, die in vielen Einzelheiten abgebildet wurde, und so etwa die Wirkung jeder einzelnen Note im ganzen wiedergibt. Auf Platte G haben wir eine mehr ausgearbeitete Form von sehr verschiedenem Charakter, die aber mit weniger Ausführlichkeit gezeichnet ist, da man keinen Versuch gemacht hat, die einzelnen Noten wiederzugeben, sondern nur zeigen wollte, wie sich jeder Akkord in Form und Farbe ausdrückt; auf Platte W haben wir eine noch größere und reichere Form, bei deren Schilderung jede Einzelheit vermieden ist, damit die volle Wirkung des Stückes als Ganzes annähernd wiedergegeben werden kann.

Naturgemäß hinterläßt jeder einzelne Ton seine Wirkung auf dem Astral- und Mentalstoffe — nicht nur jene geordnete Reihenfolge von Tönen, die wir Musik nennen. Vielleicht werden einst auch die Formen, die durch die weniger wohlklingenden Töne entstehen, für uns gezeichnet werden, obgleich sie über das Bereich dieser Abhandlung hinausgehen; inzwischen mögen die sich dafür Interessierenden in dem Buche »The Hidden Side of Things«*) nachschlagen.

Es ist gut für uns, immer eingedenk zu sein, daß es eine verborgene Seite des Lebens gibt —, daß jede Hoffnung, jedes Wort und jeder Gedanke seine Wirkung in der unsichtbaren Welt, in der wir beständig leben, hinterläßt, und daß diese unsichtbaren Wirkungen meist von unendlich größerer Wichtigkeit sind als die auf dem physischen Plane jedermann sichtbaren. Der ernste, einsichtsvolle Mensch, der das erkennt, lebt danach und richtet seine Aufmerksamkeit auf die gesamte Welt, in der er lebt, und nicht nur auf ihre äußere Hülle. Auf diese Weise verstopft er eine Quelle fortwährender Beunruhigungen und macht sein Leben nicht nur glücklicher, sondern auch weit nutzbringender für seine Mitmenschen. Aber um das verwirklichen zu können, brauchen wir Erkenntnis — jene Erkenntnis, die zugleich Macht bedeutet. In den Ländern des Westens

---

*) Von C. W. Leadbeater.

ist diese Erkenntnis nur durch ernstes Studium der theosophischen Literatur praktisch erreichbar.

Es genügt nicht, nur zu existieren; wir wollen als vernünftige
Geschöpfe leben. Aber um so zu leben, müssen wir wissen,
und um Wissende zu werden, müssen wir lernen, das
Leben selbst muß zu einer Schule des Lernens werden.
Hier liegt ein weites Feld offen vor uns, aber wir müssen
Augen haben, die sehen, wenn wir es betreten wollen, um
von ihm die Früchte der Erleuchtung zu pflücken. Wir wollen
daher keine Zeit mehr in dem dunklen Kerker der Unwissenheit verlieren, sondern kühn hinaustreten in den erwärmen-
den Sonnenschein jener göttlichen Weisheit, die die Menschen unserer Zeit »Theosophie« nennen.

ERGÄNZENDER NACHTRAG DES HERAUSGEBERS DER II. DEUTSCHEN AUFLAGE

Das Gebiet des Denkens ist für den Durchschnitts-Menschen der Gegenwart Neuland, in das er forschend und sich wandelnd eindringt. Dieses Eindringen, dieses Erfassen des Wesens des Denkens und vor allem das praktische Üben eines logischen, der Idee (dem Urbilde) unterstellten Denkens ist deshalb so unendlich wichtig, weil die Entwicklung des strebenden Menschen an dem Punkte angelangt ist, wo das Bewußtsein durch das Mittel des Denkvermögens geschärft werden muß. Nur vermöge richtigen Denkens, und nicht mit dessen Umgehung, ist auf dem Boden europäischer Kultur, wie er sich in den letzten 2 Jahrtausenden heraus entwickelt hat, eine Einweihung, eine Erlösung des Menschen möglich.

Das Denken des Menschen läßt sich nur aus dem In- und Aufeinanderwirken der beiden Seiten des Seins: der Lebens- und der Formenseite (der Geist- und der Stoffseite) verstehen.

Viele jagen heute nach den Geheimnissen des Lebens und wollen es der Materie, der Form allein, abnötigen. — Viel wunderbare, wertvolle Arbeit wird dabei geleistet, und doch schweigt die Form letzten Endes und nötigt dem mutigen Forscher sein verzweifelndes »Ignoramus, ignorabimus« (Wir können nicht wissen, wir werden nicht wissen können) ab. So lange nötigt sie es ihm ab, bis er das Gesetz der Spiegelung (oder genauer ausgedrückt der Reproduktion) erkennt, bis er das formende Leben erfaßt und das Wesen des Werdens, das aus einer Wechselwirkung von Leben und Materie ersteht. Es seien hier die Ur-Kräfte des Menschen, ihrer Lebens- und Formseite gemäß, einander gegenübergestellt:

Lebensseite	Formseite
1. Atma. Göttlicher Geist.	Atmische Substanz. Göttliche Geistsubstanz.
2. Buddhi. Geistige Seele.	Buddhische Substanz. Geistige Seelensubstanz.
3. Buddhi-Manas. Menschlicher Geist. Kausales Bewußtsein.	Kausalkörper.
4. Manas. Denken.	Gedanken-Mentalkörper. Intellekt.
5. Astralität. Empfindung.	Astral-Empfindungskörper.

96

6. Ätherleben.   Ätherkörper. (Chemischer Äther,
                          Lebensäther, Lichtäther,
                          Rückstrahlender Äther).
7.   Physischer Körper.*)
Göttlicher Geist als das ursprüngliche, sich vielfach differenzierende
Leben, ist — das Seiende, und sein Wesen ist — Bewegung. Seinen
Ausdruck, sein Organ, schafft er sich durch die Einwirkung seines
Wesens, der Bewegung, auf die Materie, die Form. Durch diese
Einwirkung entstehen Schwingungen. Diese Schwingungen sind,
je nach der Dichtigkeit des Stoffes, gröber oder feiner, langsamer
oder rascher. Schwingungen von 62 Oktaven lassen sich heute bereits
mit den Mitteln der Wissenschaft messen und bestimmen.**) Über-
steigen sie aber ein bestimmtes Maß von Schnelligkeit, so versagt
die instrumentale Forschung. Nur der Mensch, der ja selbst Träger
dieser feinen Schwingungen ist, unterscheidet sie in und durch sich.
Er kann aber nur dann etwas wirklich objektiv Richtiges über sie
aussagen, wenn das Bewußtsein, der Lebens-Aspekt in ihm, auf
diesem Gebiete die Verdunkelung, der er durch die Formseite unter-
worfen ist, durchbrochen hat; wenn er die Umkehrung der Spiegelung
in sich aufzuheben imstande ist, oder anders ausgedrückt: wenn er
die Reproduktion von der Täuschung, die durch das Reproduzieren
entsteht, entkleiden kann.
Dieses ist ein Mysterium.
Schwingungen bestimmter Schnelligkeit, die durch die Bewegung
des Lebens ausgelöst werden, bauen dem Erkenner, aus dem ihnen
entsprechenden Stoffe, sein Organ, den Intellekt.
Der Intellekt ist der Brennpunkt, durch den der Geist sich im Stoffe
spiegelt (durch den das Leben sich im Stoffe reproduziert), er enthält: Abbilder der Krafturbilder und Urtypen der Begierden und
Erregungen, der universellen Lebenskraft und der Formen.
Der Intellekt ist selbst nicht der Erkennende, er ist nur sein Organ,
der lediglich Spiegelbilder oder Reproduktionen enthält, die durch
die Einwirkung der Bewegung des Geistes im Stoffe hervorgerufen
werden. Der Stoff des Intellektes nimmt genau die Formen der
Gegenstände an, auf die der Erkenner sich richtet.

---

*) Der Physische Körper ist an sich der Leichnam, er hat keine Lebensseite. Er
wird in der östlichen Philosophie daher bei der Aufzählung der Teile des Menschen
oft ganz übergangen.
**) Siehe Max Heindel: Die Weltanschauung der Rosenkreuzer. S. 254.

Der Intellekt eines Menschen ist die Summe der von ihm geschaffenen Gedanken. Der Intellekt, der einem Menschen durch seine Geburt eigen ist, ist das Resultat seiner Gedanken, die er in seinem vergangenen Leben dachte.*) Er ist so ein ganz bestimmt gearteter Träger eines ganz bestimmten Schwingungs-Rhythmus. Zwei vollkommen gleiche Intellekte gibt es nicht.

Der Intellekt ist in ständiger Bewegung. Er sendet Schwingungen aus und nimmt Schwingungen auf. Die Schwingungen, die er aufnimmt, werden sofort mit seinem eigenen Schwingungs-Rhythmus vereint und dadurch modifiziert. Mit dem Intellekte ist es daher unmöglich zu erkennen, welcher Art der aufgenommene Rhythmus an sich ist. Der Erkennende erkennt mit dem Mittel des Intellektes immer nur das zu Erkennende + den eigenen Schwingungs-Rhythmus. Die Erkenntnis, die der Intellekt übermittelt, ist also keine objektive, sondern eine illusive. Der Intellekt wird daher mit Recht »Erzeuger der Illusion«, »Schlächter der Wirklichkeit« genannt. Eine wirkliche Erkenntnis ist nur dann möglich, wenn der Geist die Begegnung mit der Materie voll beherrscht.

Durch das tägliche Denken wird der Intellekt weiter gebildet und gewandelt. Die Stabilität des schon Erschaffenen ist zu ersehen aus der großen Schwierigkeit der Umbildung, Schulung des Intellektes. Der Intellekt und die Gedanken, die ihn gebildet haben, der Mentalkörper insgesamt,**) also die Formenseite, muß streng vom Denken unterschieden werden. Dieses gehört dem geistigen Aspekte, der Lebensseite des Seins an. Der Wissenschaftler verknüpft mit dem Begriffe des Denkens sofort den des Gehirnes. Wohl durchdringt der Mentalkörper auch die physischen Partikel, die man »Gehirn« nennt, und es befinden sich dort wichtige mentale Zentren, er ist aber durchaus nicht auf diesen Teil des Menschen beschränkt.

Das Zustandekommen eines Gedankens ist ein äußerst komplizierter Vorgang, in den die theosophische Forschung, an Hand des Wissens von den sieben Grundteilen des Menschen und der Lebens- und der Formseite alles Seienden, allmählich immer mehr eindringt. Hier seien nur einige kurze Hinweise gegeben. In der theosophischen Studie »Das Denkvermögen« heißt es:

---

*) Wertvolle Hinweise hierzu gibt der Weise Patanjali. Siehe Yoga-Aphorismen des Patanjali von Oppermann.
**) Darstellungen des Mentalkörpers finden sich im Werke: Der sichtbare und der unsichtbare Mensch, von Leadbeater. Verlag H. Bauer, Freiburg i. Br.

»Denken tritt ein, wenn der Gedanken-Äther (die Mental-Materie) zwischen einem Gegenstande und unserm Intellekte in Schwingung gerät«. — »Denken ist das Bewußtwerden einer Beziehung, die zwischen vielen Empfindungen und einer sie verknüpfenden Einheit besteht.«

Das Denken steht in enger Verbindung mit dem Gefühle. Eine Tätigkeit des Astralkörpers ist eine unbedingte Voraussetzung zum Zustandekommen des Denkens, würde aber allein das Denken nie einzuleiten vermögen, wenn der »Erkenner« nicht in Aktion treten würde.

Hier begegnen wir dem Mysterium der Drei, von dem schon der alte chinesische Weise Laotse uns in den Worten kündete:

>»Die Eins erzeugt die Zwei,
>Die Zwei erzeugt die Drei,
>Die Drei erzeugt alle Dinge«.

Wer sich über die Entstehung des Denkens klar werden will, muß zuvor das Wesen des aus der Drei hervorgehenden vierten Zustandes alles Werdenden verstehen, von denen die Strophen des Dzyan *) angeben: »Eka (eins) ist Chatur (vier), und Chatur nimmt Tri (drei) an sich, und die Vereinigung bildet Sapta (sieben)«. Die gewaltige Fruchtbarkeit und Intensität des vierten Zustandes kann dem theosophischen Forscher zum Erlebnisse werden durch einen weiteren Hinweis (Geheimlehre I. 62.) »Von den Sieben ist zuerst eines offenbar und sechs verborgen; dann zwei offenbar und fünf verborgen; drei offenbar und vier verborgen; vier kommen hervor und drei sind geheim; vier und ein halb offenbar und zwei und ein halbes verborgen . . . . .« Und auf die übermenschlichen Anforderungen, die der vierte Zustand an das menschliche Unterscheidungsvermögen stellt, weisen die Worte (Geheimlehre I. 57): »Sein Herz hatte sich dem Einen Strahl noch nicht eröffnet, um ihn als Dreiheit in die Vierheit, in der Schoß der Maya, fallen zu lassen.«

In Ehrfurcht sollte jeder vor dem Geheimnis, dem Segen und was er zunächst wohl nur als Flucht seines Denkens erfassen kann, stehen. Wird er hier zum »Herrscher und Diener des Guten« in eins verbunden, ist auch der Schleier der Maya, die Täuschung, für ihn zerrissen.

Je nach dem Verhältnisse von Geist und Stoff und der gegenseitigen Einwirkung der verschiedenen Körper des Menschen, wird der

---

*) Enthalten in: Die Geheimlehre, von H. P. Blavatsky.

Mentalstoff in gröbere oder feinere Schwingungen versetzt. Ein Denken, das nach der Idee hin gerichtet ist, also unter dem Einfluß des geistigen, des kausalen Bewußtseins steht, zieht feinere Mentalstoffpartikelchen an, als z. B ein Denken, das ganz unter dem Drucke eines groben Astralkörpers, niederer Begierdenhaftigkeit steht. Die feinstofflicheren Mentalpartikelchen stoßen durch ihre schnellere Schwingungsart die groben Mentalpartikelchen ab, und der Mensch schafft sich so durch reines, der Idee zugewandtes Denken, einen reinen, rasch schwingenden Mentalkörper, der durch die Einwirkung seiner Schwingungen auch die gröberen Körper (Astral-, Äther- und Physischen Körper) reinigt, durch das Abschleudern gröberen Stoffes.

Es kann nie genug darauf hingewiesen werden, daß diese Reinigung, die den ersten Schritt zur Entwicklung zum Vollmenschen ausmacht*), mit der Schulung des Denkens beginnen muß, also von innen nach außen vor sich geht. Die vielen Versuche, die in der Jetztzeit gemacht werden, den Menschen durch Einwirkungen auf den Physischen oder den Ätherkörper zu reinigen, widersprechen den Lebens- und Entwicklungsgesetzen.

Der Mensch, der seine Körper von innen nach außen gereinigt hat, hat sich damit auch die Außenwelt verändert. Es heißt nicht umsonst: »Dem Reinen ist alles rein«, oder »Man begegnet immer nur sich selbst«. Feine Schwingungen bilden eine Aufnahmeantenne nur für wiederum feine Rhythmen. Wenn man einen geistig-seelisch Hochstehenden und einen geistig-seelisch Heruntergekommenen in dieselbe Situation bringt, so resultieren daraus zwei vollkommen verschiedene Erlebnisse. Dem Menschen, der durch die Kraft seines Geistes seine Materie reinigt, erschließen sich Welten, die ihm vorher nicht zugänglich waren, denn die Wahrnehmungs-Organe und Kraftzentren der feineren Körper, die sich beim Durchschnittsmenschen noch in latentem Zustande befinden, setzen sich nur bei bestimmter Schnelligkeit des betreffenden Stoffes in Schwingung. Da die Beweise jeder Sphäre natürlich immer innerhalb der betreffenden Sphäre liegen, können sie in diesem Falle logischerweise nicht handgreiflich sein.

Das Denkvermögen des Menschen steckt voller Unzulänglichkeiten, die die rudimentären Anfänge eines Teiles der Denkstörungen bilden,

---

*) Die 3 Entwicklungsstufen sind: Reinigung, Erleuchtung, Vereinigung.

mit denen sich die Psychiater heute noch so vergeblich abmühen.*)
Kreisendes Denken*), Zwangsdenken, Denkhemmung, überwertiges
und unterwertiges Denken, zerfahrenes Denken, Gedankenflucht,
sogar Zwangsdenken, inkohärentes Denken, Beziehungsgedanken etc.
etc. und vor allem das negative Denken können durch systematische
innere Disziplinierung allmählich behoben werden. Eines der wichtigsten Mittel zur Schulung seines Gedankenlebens, natürlich für den
gesunden Menschen, ist hierzu das Studium, das auf der Stufe der
Reinigung, neben Konzentration, Meditation und treuer Pflicht-
erfüllung im täglichen Leben, empfohlen wird. Es handelt sich
natürlich nicht darum, sich mit allem möglichen Wissen vollzu-
pfropfen, sondern sich, durch das Aufnehmen, und vor allem das
Nachdenken logischer Gedankengänge, an diese zu gewöhnen, so daß
man allmählich fähig wird, selbst logische Gedankengänge zu pro-
duzieren.
Denkübungen müssen vor allem methodisch und regelmäßig durch-
geführt werden. Regelmäßigkeit ist eine Grundbedingung zum
Gelingen einer jeden Übung. Jeder strebende Mensch sollte wenigstens 10 Minuten täglich in einem guten Buche lesen und dann das
Gelesene gründlich durchdenken. Diese Denkübungen haben
1. einen Einfluß auf das physische Gehirn. Sie vermehren seine
graue Hirn-Substanz. 2. wird dadurch das Bewußtsein und die
Erkenntnisfähigkeit des Menschen gestärkt.
Richtig und positiv zu denken vermag ferner nur der, der scharf zu
beobachten imstande ist, denn nur das, was scharf beobachtet, präzise
aufgenommen worden ist, kann auch festgehalten werden, ohne
Verzerrungen (besonders von Seiten des Astralkörpers) ausgesetzt
zu sein.
Hier kommen wir zu einem weiteren wichtigen Punkte, und zwar dem
Gedächtnis. Zum Verständnisse der Funktion des Gedächtnisses
sagt Max Heindel folgendes:

»Die leisesten Gedanken, Empfindungen und Gefühle werden den Lungen übermittelt, die sie ins Blut weiterbefördern.
Das Blut ist eines der höchsten Produkte des Lebensleibes

---

*) Siehe: Oswald Bumke, Lehrbuch der Geisteskrankheiten. Der behandelnde Psy-
chiater sucht immer noch im Physischen nach den Schäden, wo er höchstens den
letzten Auswirkungen der Schäden zu begegnen vermag. Daher seine von ihm
meist freimütig zugestandene Unfähigkeit in der Behandlung sogenannter „Geistes-
kranker".
**) Man lese: Mentale Warzen. »Theosophie«, Jahrg. XIV. S. 86.

(Ätherkörpers), da es der Nahrungsträger für jeden Teil des Körpers und das unmittelbare Vehikel des Ego ist. Die Bilder die das Blut enthält, werden den negativen Atomen des Lebens-Leibes*) eingeprägt, um als Schiedsrichter über das Schicksal des Menschen nach dem Tode zu dienen. Das Gedächtnis, das bewußte wie das unbewußte, bezieht sich vollständig auf die Erfahrungen des Lebens.«

Das sogenannte »schlechte Gedächtnis« hat seinen Grund in einer mangelhaften Aufmerksamkeit. Das Bewußtsein des Menschen huscht über die Ereignisse und Begegnungen hinweg, und die Einprägung in den Äther ist daher nur eine sehr schwache und kann oft nur mit großer Mühe, oft auch willkürlich garnicht mehr reproduziert werden. Die Möglichkeit des unwillkürlichen Emportauchens all dieser Erinnerungsschätze, beweist uns aber immer wieder, daß diese, wenn auch noch so schwachen Eindrücke doch bestehen. — Auch hier ist es allein die Übung, die Abhilfe schafft. Die mit einem schlechten Gedächtnisse Behafteten sollten täglich z. B. einen bestimmten Gang, den sie zu machen haben, dazu benutzen, ihre Aufmerksamkeit voll, allem was ihnen begegnet zuzuwenden, um dann die Eindrücke, nach Beendigung des Ganges, wieder hervorzuholen. Dieses ist gleichzeitig eine gute Übung in der Objektivität. Jeder Mensch behält das, wofür er sich interessiert, ohne Mühe. Wichtig ist es aber, daß die Aufmerksamkeit ohne diesen persönlichen Antrieb funktioniert.

Außer dem im Ätherkörper wurzelnden Gedächtnisse, das die Eindrücke dieses Erdenlebens enthält, und das unserem Denken mehr oder weniger zugänglich ist, haben wir noch ein Gedächtnis, das in der Buddhischen Substanz verankert ist und das die Erfahrungen unserer früheren Erdenleben birgt. Dieses Gedächtnis können wir mit unserem Intellekte nicht erreichen. Die Äußerung dieses Gedächtnisses erleben wir teilweise in unserem Gewissen und Charakter. Der, der sich bewußt und willkürlich auf den Buddhiplan versetzen kann, vermag auch in diesem Gedächtnisse zu lesen.

A. Besant sagt in Ihrem Werk: Eine Studie über das Bewußtsein vom Gedächtnis u. a. Folgendes:

»Die Ereignisse, die wir durchgemacht haben, bilden nicht nur unser Eigentum, sondern einen Teil des LOGOS-Bewußtseins, und unsere Empfindung eines Eigentums-Rechtes auf sie ist nur dem Umstande zuzuschreiben, daß

*) Des Rückstrahlenden Äthers. Red.

wir früher einmal durch sie gewisse Schwingungen erlebt haben, und deshalb diese jetzt leichter wiederholen können, als damals, wo wir zum ersten Mal mit jenen Ereignissen in Berührung kamen...... Daß wir uns einer Sache erinnern können, ist also dem Umstande zu verdanken, daß im Bewußtsein des LOGOS alles ewig besteht. Der LOGOS hat uns zeitliche und räumliche Schranken auferlegt, damit wir uns durch Übung die Fähigkeiten erwerben, durch Modifikation des Bewußtseins rasch auf Schwingungen zu reagieren, die in unseren Hüllen durch Schwingungen erzeugt werden, die von anderen mit ähnlichem Bewußtsein beseelten Hüllen ausgehen. Nur so können wir allmählich lernen, klar und deutlich zu unterscheiden. Indem wir die Dinge nach einander, also zeitlich verbinden und sie ebenso in ihren gegenseitigen Richtungs-Beziehungen zu uns und zu einander — also räumlich verbinden, entwickeln wir uns allmählich zu einem Zustand, in welchem wir alles gleichzeitig und jedes Ding überall — also außerhalb von Zeit und Raum — erkennen können«.

Die Schulung des Denkvermögens führt den Strebenden gesetzmäßig zu Konzentration und Meditation oder zum Theosophischen Gebet, ohne das eine geistig-seelische Entwicklung nicht möglich ist. Eine der wichtigsten Eigenschaften des Denkvermögens ist seine Beweglichkeit, und der Strebende, der mit der Schulung seines Intellektes einsetzt, übt systematisch diese Beweglichkeit seines Intellektes, denn sie ist die wahre Grundlage, auf der die »Standhaftigkeit« des Intellektes erreicht werden kann, die in der Konzentration zur Anwendung kommt und so die Grundlage aller Meditation bildet. »Der Intellekt ist befähigt zur Standhaftigkeit«, sagt der Weise Patanjali in seinen Yoga-Aphorismen.*)

Konzentration ist zunächst das Festhalten eines bestimmten Betrachtungs-Gegenstandes oder Momentes, mit Ausschluß aller ablenkenden Momente. Kann der Betrachtende bei dieser Einstellung verharren, so kann das Objekt der Betrachtung alles Äußerlichen, Formhaften entkleidet werden, so daß es sich in seinem Wesenskerne dem Erkenner eint. Dieser Konzentrationszustand wird oft mit dem Zustande der Meditation verwechselt.

Konzentration ist ein aktiver und keinesfalls ein passiver Zustand. Passive Hingabe an bestimmte Rhythmen, wie sie von medial veran-

---

*) Yoga-Aphorismen des Patanjali. Von M. A. Oppermann. II. LIII.

lagten Personen häufig ausgeübt wird, hat mit Konzentration nichts zu tun.

Zum Zustandekommen einer Konzentration ist ein friedevoller innerer Zustand erforderlich, denn nur aus innerer Ruhe heraus ist es dem Menschen möglich, alle die vielen Impulse, die sein Intellekt ihm ständig zu übermitteln sucht, abzuwehren. Jedem, der daher in eine Konzentration eintreten will, gelten die Worte des CHRISTUS-Jesus: »Gehe zuvor hin und versöhne dich mit deinem Bruder«. Eine vollkommene innere Entspanntheit ist auch darum Vorbedingung zur Konzentration, weil diese an sich ihre Anforderungen an das Gehirn des Menschen stellt. — Eine Gehirnzelle besteht aus Atomen. Die Atome bestehen ihrerseits aus Spirillen, von denen immer 7 zusammengefügt sind. Von diesen 7 Spirillen werden in der gegenwärtigen Entwicklungsperiode immer nur 4 benutzt und 3 liegen latent da. Die Konzentrationsübungen wirken durch den erhöhten Druck, den sie hervorrufen, auf diese latenten Spirillen ein, wodurch natürlich bei einem Übermaß eine Überreizung eintreten kann. Die Konzentration ist daher vollkommen zwanglos und entspannt zu üben. Jede äußere Starre, wie z. B. das Anstarren eines schwarzen Punktes an der Wand oder gar einer Krystallkugel, wie es in Hatha-Yoga-Systemen häufig empfohlen wird, ist zu meiden. Dieses führt nur zu Trance, hypnotischen Zuständen und letzten Endes zu Gehirnlähmungen und gehört in das Gebiet des okkulten Unfuges. Wenn wir uns fragen, worauf wir uns konzentrieren sollen, so sagt H. Mitchell in seinem kleinen Werk »Meditation« darauf Folgendes: »Auf das erhabenste abstrakte Ideal, das wir haben können«.*) In diesem Werke beschreibt er auch den Übergang von Konzentration zu Meditation wie folgt:

> »Die zahlreichen Stimmen des Gemütes und der Sinne sterben ab und werden still.... Die Sinne werden automatisch und unbewußt zurückgezogen und fließen zusammen in die eine Kraft des Gewahrseins oder der Intuition. Das, wie wir wissen, aktive und nur vom Wechsel beunruhigte Bewußtsein des Gemütes erleidet eine feine Wandlung. An seiner Stelle erwacht das Bewußtsein des Herzens..... Auf diese Weise kann das Herz, wenn das Gemüt beruhigt ist, dynamisch werden und uns zur Vereinigung mit dem betrachteten Gegenstande bringen,

---

*) »Praktische Meditation« von Georg Brinkmann. In der Zeitschrift Theosophie. Jahrgang XIV und XV.

104

vorausgesetzt, daß wir es tatsächlich wünschen und für ihn eine wahrhaftige, keine sentimentale Liebe fühlen. Gerade diese dynamische Tätigkeit des Herzens wirkt zunächst in der Meditation. Obgleich nach einer Richtung hingewendet, ist das Gemüt doch völlig in Ruhe. In diesem Zustande ist es einem stillen See verglichen worden, — selbst nicht mehr fließend oder bewegend, wohl aber imstande, die stille Glorie der Sterne und ihres erhabenen Wandels widerzuspiegeln. Das Bewußtsein wird also nur durch den Wunsch des Herzens festgehalten. Dieser Wunsch ist eine lebendige, wirkliche Kraft. Er zieht uns zu dem Ideale, auf das er gerichtet ist und das Ideal zu uns. Wir beginnen gradweise die Wirklichkeit seiner Gegenwart zu fühlen. Anfangs wird seine Gegenwart von dem Gemüte in jener Form widergespiegelt, in die wir es durch Wort und Bild eingekleidet hatten. Insoweit es aber ein wirkliches und echtes Ideal ist, gehört es der formlosen Seele an, und gerade aus diesem Grunde ist es unser Ideal gewesen und haben wir es geliebt. Unser Verlangen geht also über die Form oder die Worte hinaus. Nach und nach wird dieses Gedankenbild immer schwächer und entschwindet dem Auge. Nun senkt sich ein Schweigen und eine tiefe Ruhe auf uns nieder, formlos und wortlos, aber voller Kraft. Sind wir in diese Stille eingetreten, so haben wir zu meditieren angefangen, denn in ihr ist eingehüllt die Seele eines jeden und die Seele der ganzen Welt. Über das nun eintretende Bewußtsein kann ich nicht schreiben . . . . .«

Auf diesem Gebiete versagen intellektuelle Erwägungen und Erklärungen, weil wir hier in ein Gebiet eintreten, das über das, was dem intellektuellen Verständnisse zugänglich ist, weit erhaben ist. Wer hier nicht selbst durch angestrengte Bemühungen und Schulung das Gebiet des Erlebens erreicht, wird immer unverstehend vor diesem Reiche stehen. Der ewige Kraftquell, der sich hier dem menschlichen Wesen erschließt, wartet immer auf die reine Schale, die hingehalten wird, und der erste Schritt, der zur Reinigung der Schale unseres Wesens getan werden muß, ist die Erlangung eines positiven, reinen, lebenbejahenden, geordneten und kraftvollen Denkens.

Verlag Hermann Bauer · Freiburg im Breisgau

C. W. Leadbeater
DIE CHAKRAS
Monographie über die Kraftzentren
im menschlichen Ätherkörper
7. Auflage, 96 Seiten, 9 Farbtafeln, 12 Zeichnungen,
7 Tabellen, kart., ISBN 3-7626-0306-5

Der Mensch besitzt sieben verschiedene Chakras. Ohne sie könnte der physische Körper nicht bestehen, weshalb die Chakras auch bei jedem Menschen tätig sind. Sind sie erweckt und belebt, werden sie von einer großen Energiemenge durchflutet, was bewirkt, daß sich dem Menschen bisher unbekannte Fähigkeiten und ungeahnte Möglichkeiten eröffnen. DIE CHAKRAS schildert die Aufgaben und Funktionen der einzelnen Kraftzentren. Durch die mehrfarbigen Abbildungen werden die Chakras erstmalig so dargestellt, wie sie einem hellsichtigen Menschen erscheinen.

C. W. Leadbeater
DER SICHTBARE UND DER UNSICHTBARE MENSCH
Darstellung verschiedener Menschentypen,
wie sie der geschulte Hellseher wahrnimmt
5. Auflage, 137 Seiten, 25 Farbtafeln, kart., ISBN 3-7626-0307-3

In diesem Werk wird eines der schwierigsten und differenziertesten Gebiete der grenzwissenschaftlichen Literatur vorgestellt: In Wort und Bild zeigt der Autor, wie ein Hellseher die normalerweise unsichtbaren Mental- und Astralkörper sieht. Leicht verständlicher Text und 25 Farbtafeln zeigen, was die gesehenen Farben und Formen bedeuten und wie sich die Entwicklung des Menschen durch die Färbung seiner verschiedenen Körper kennzeichnet.
Wer die Fähigkeit, den Mental- und Astralkörper zu sehen, noch nicht hat, kann sie mit Hilfe dieses Buches entwickeln.

Verlag Hermann Bauer · Freiburg im Breisgau

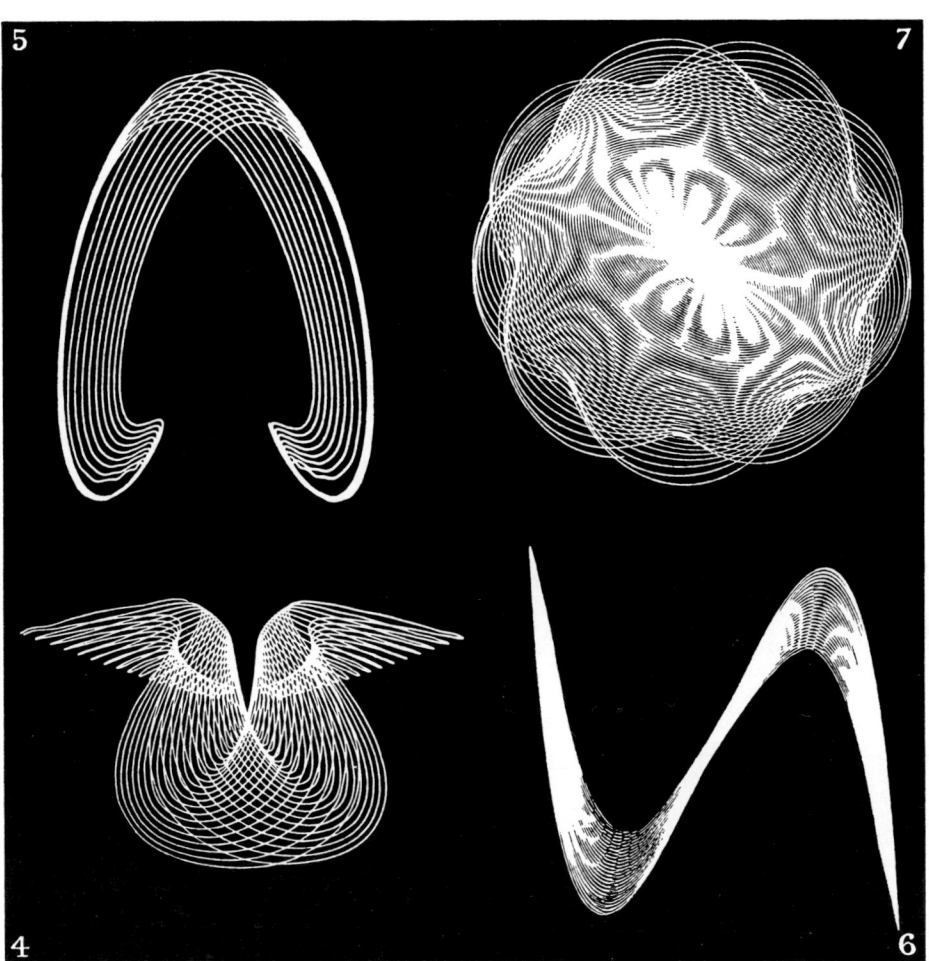

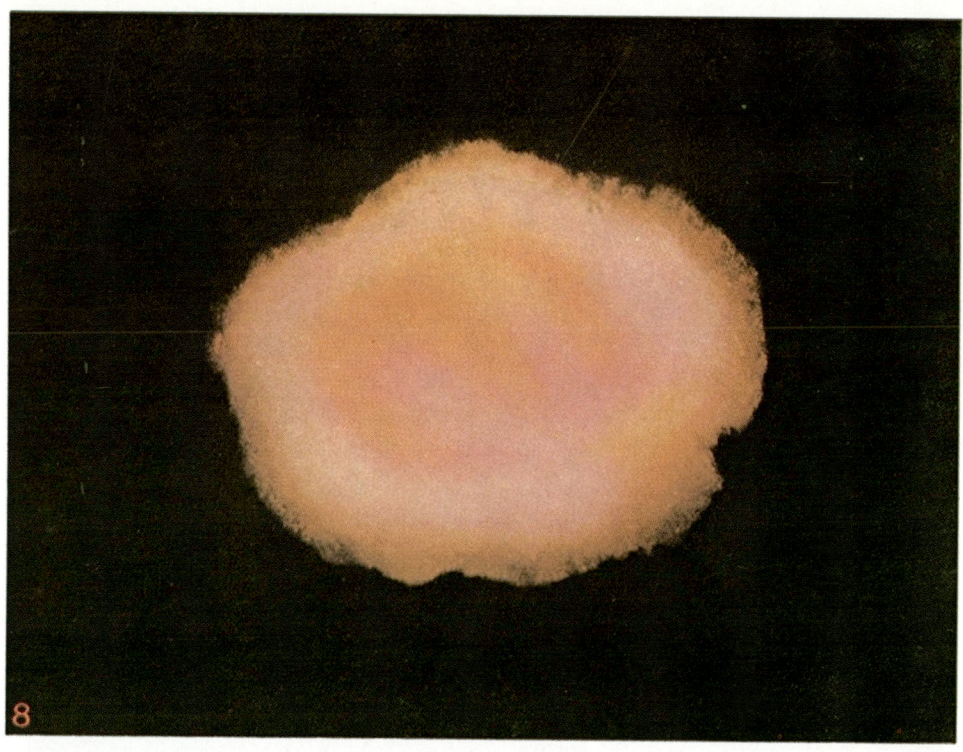

8

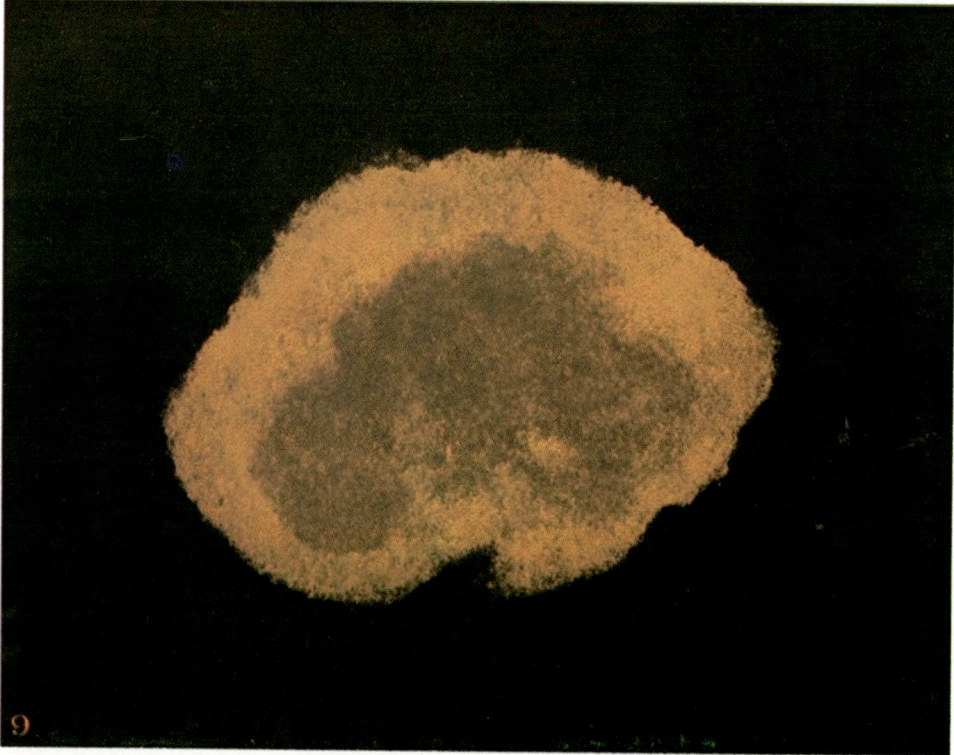

9

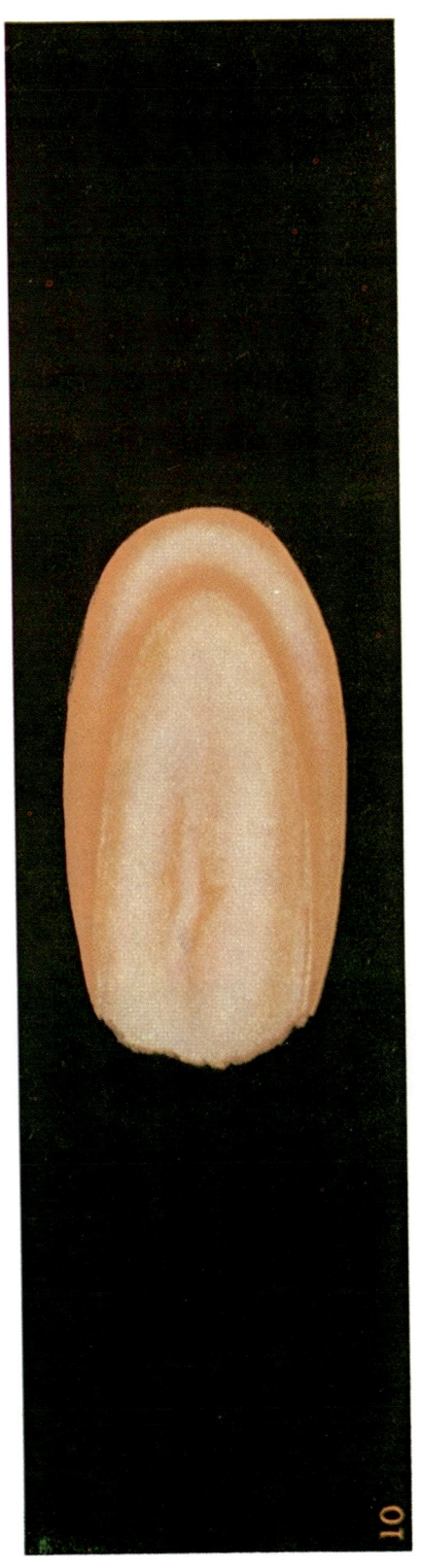

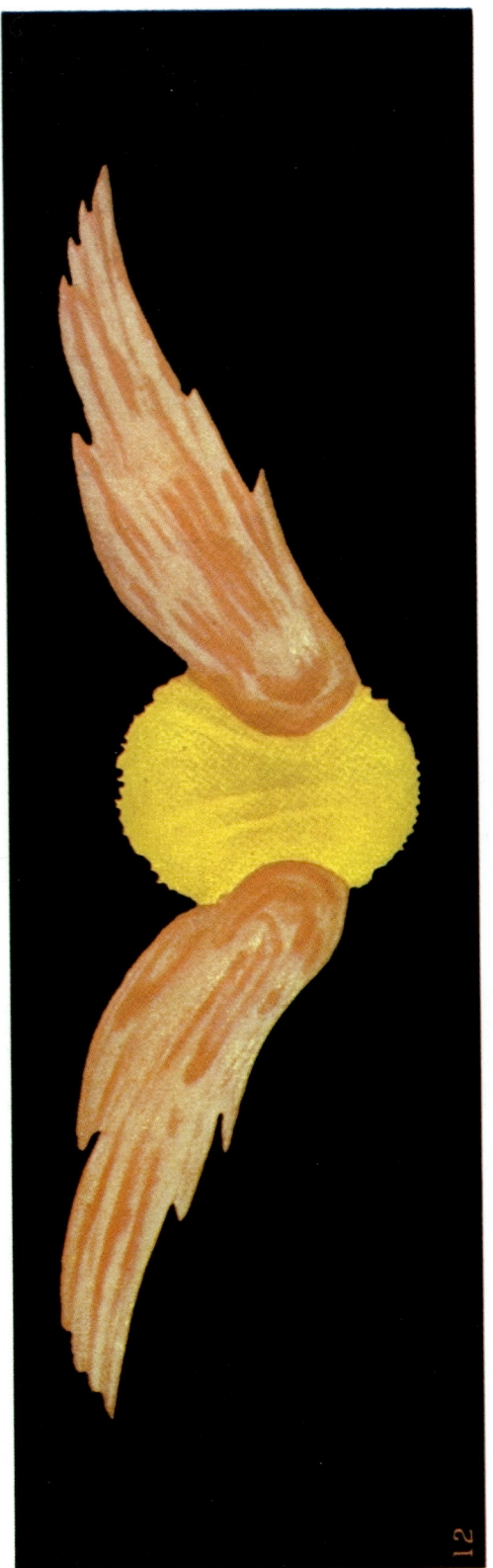

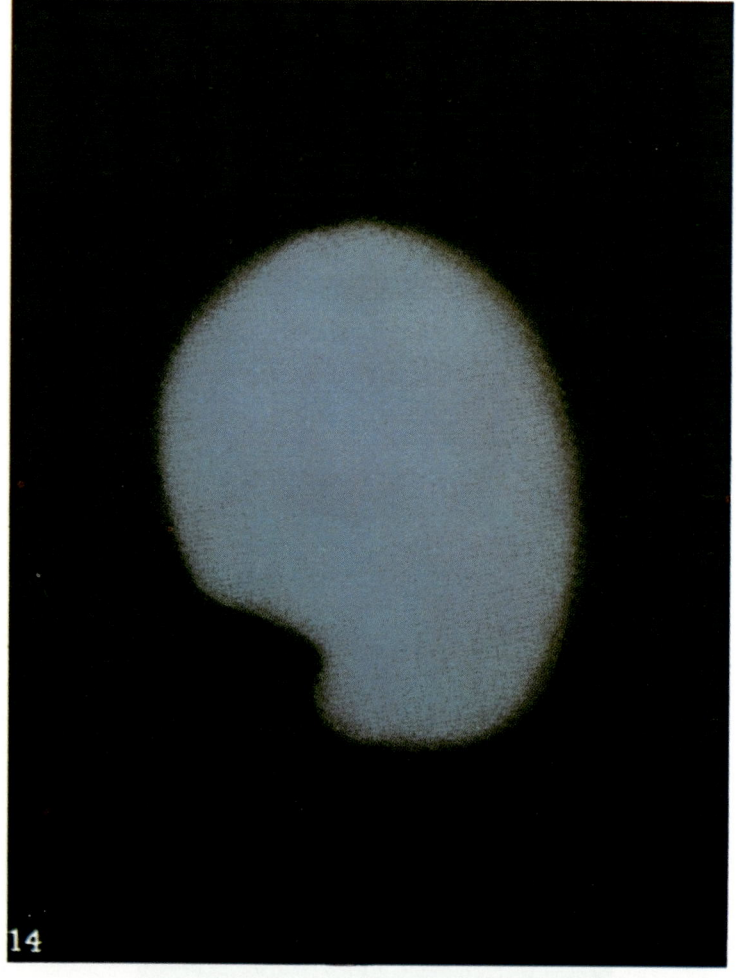

15

16

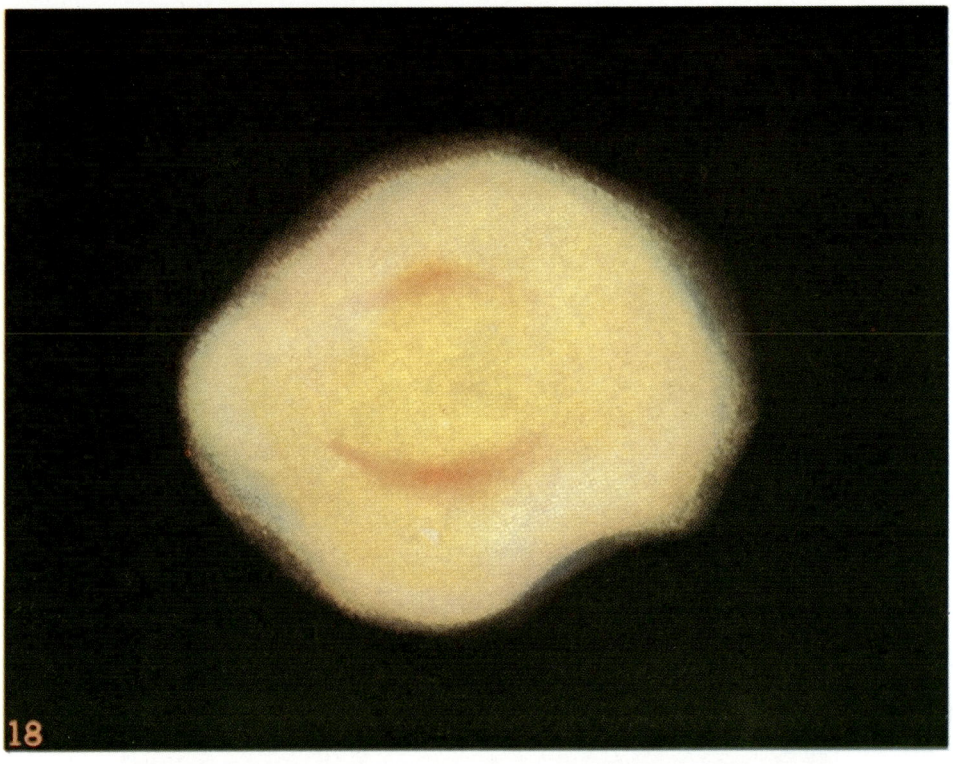

18

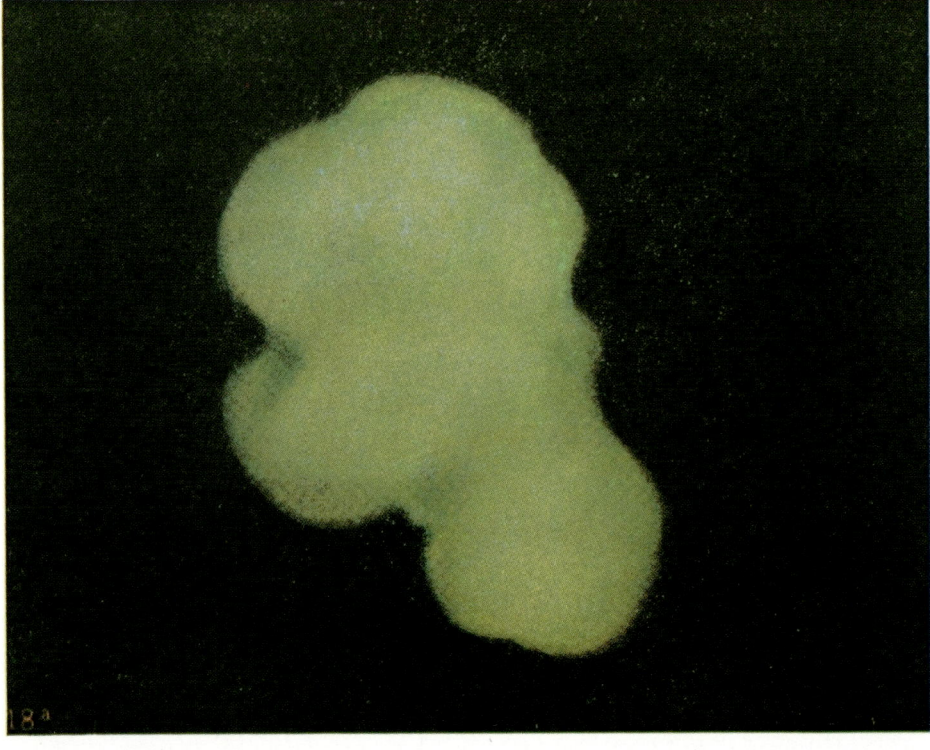

18 a

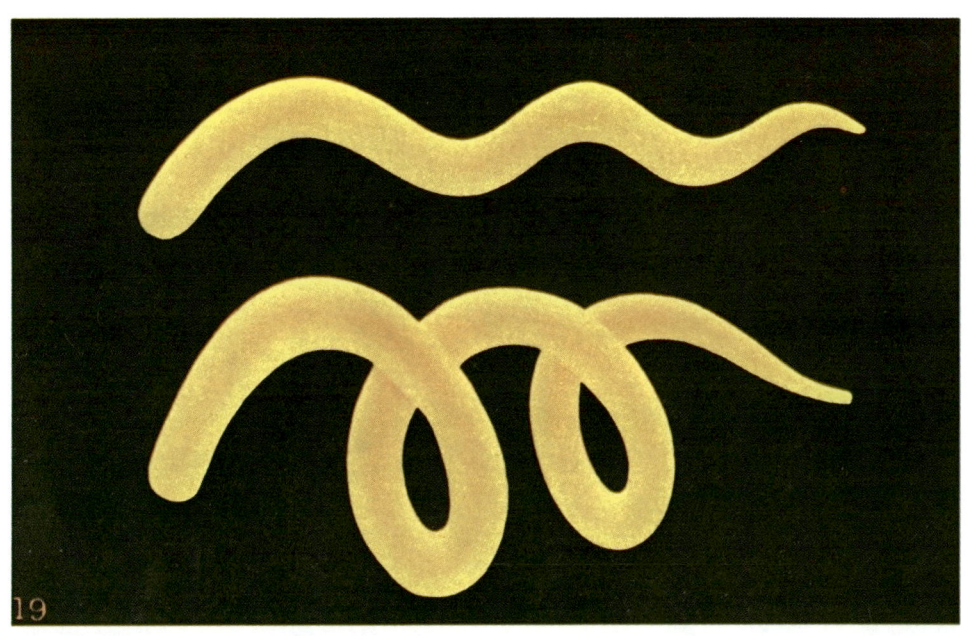

19

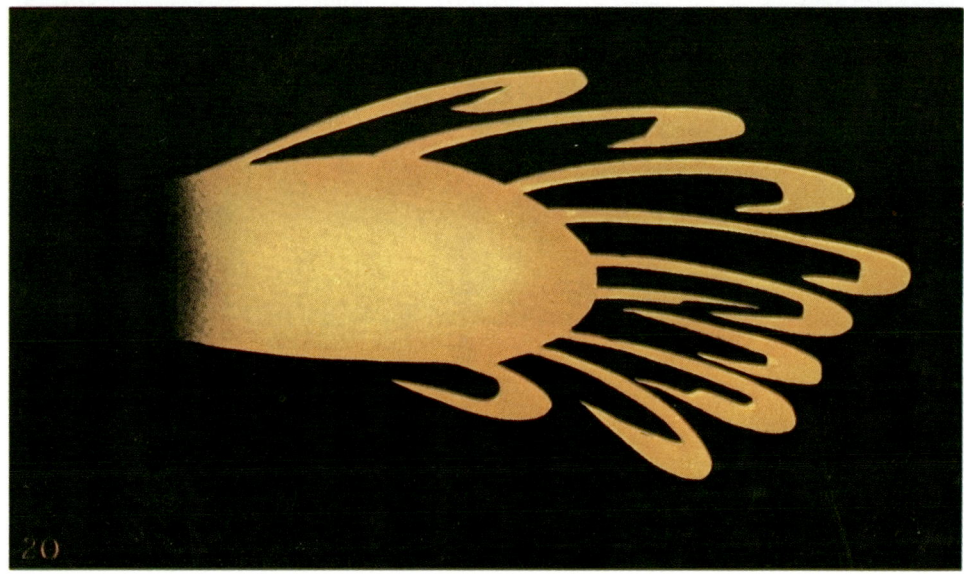

20

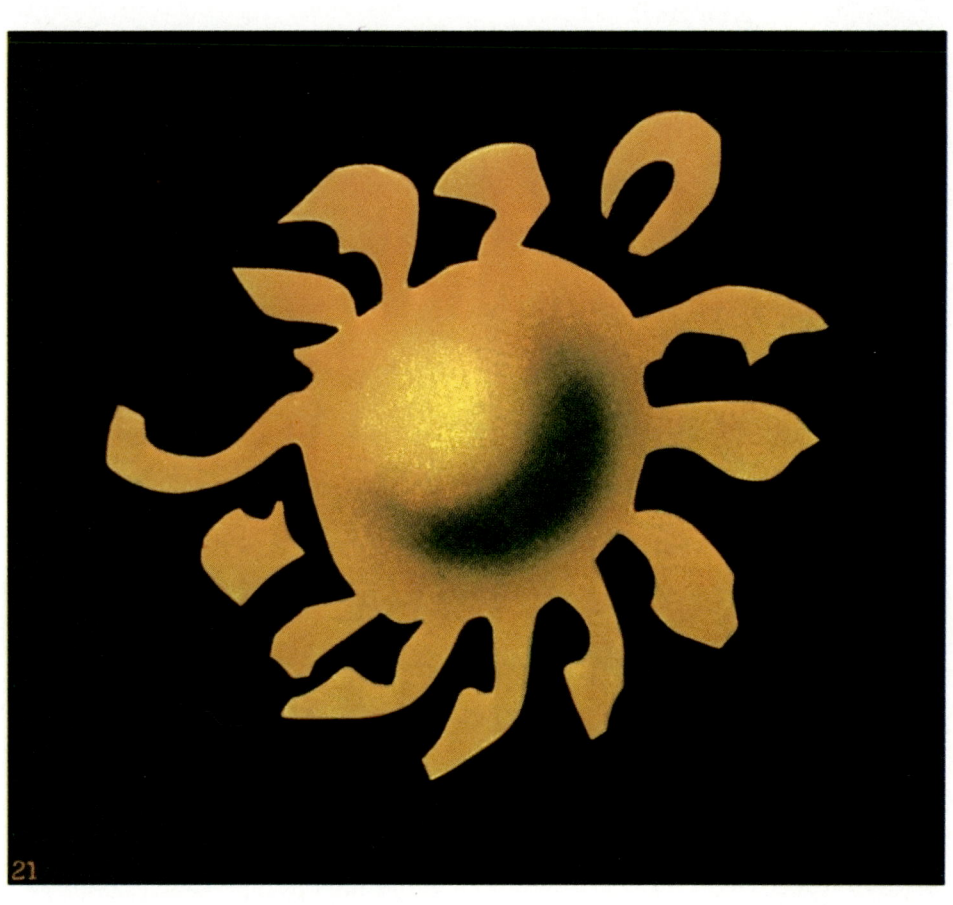

21

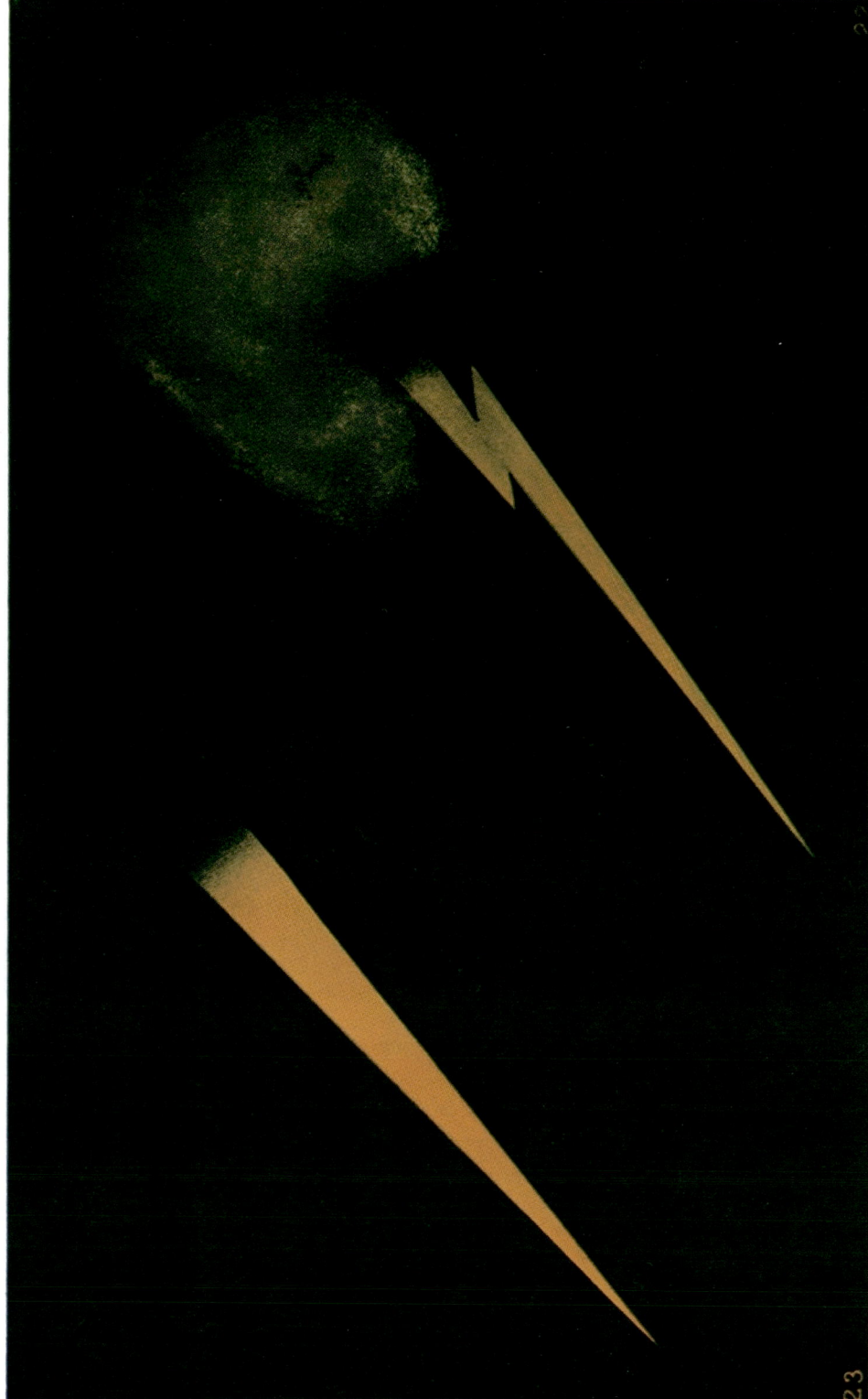

24

25

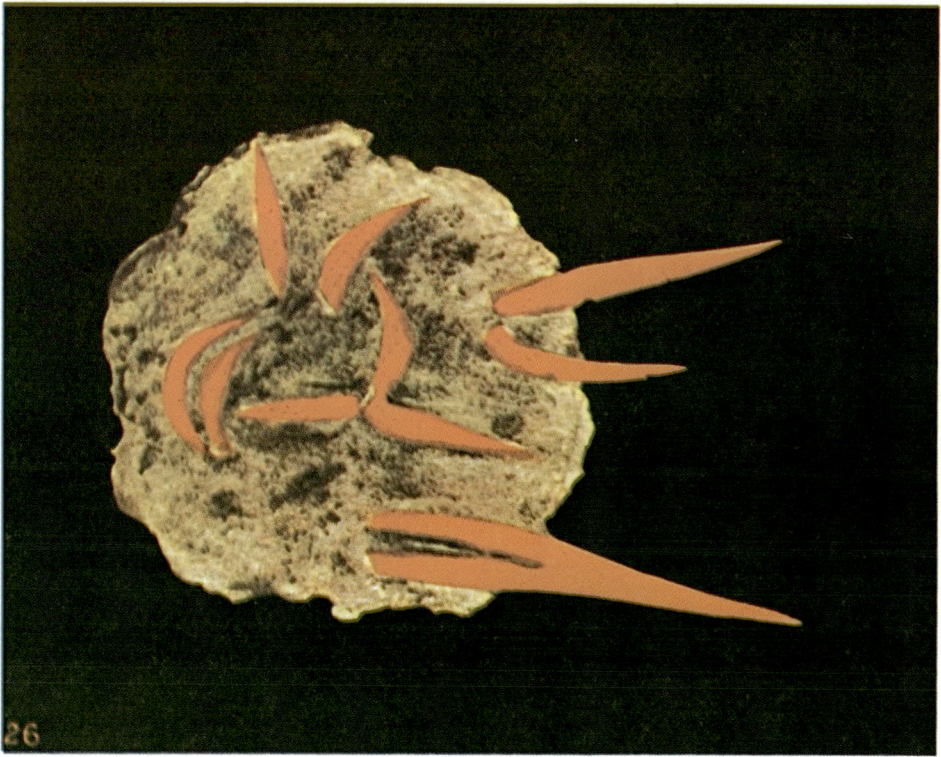

26

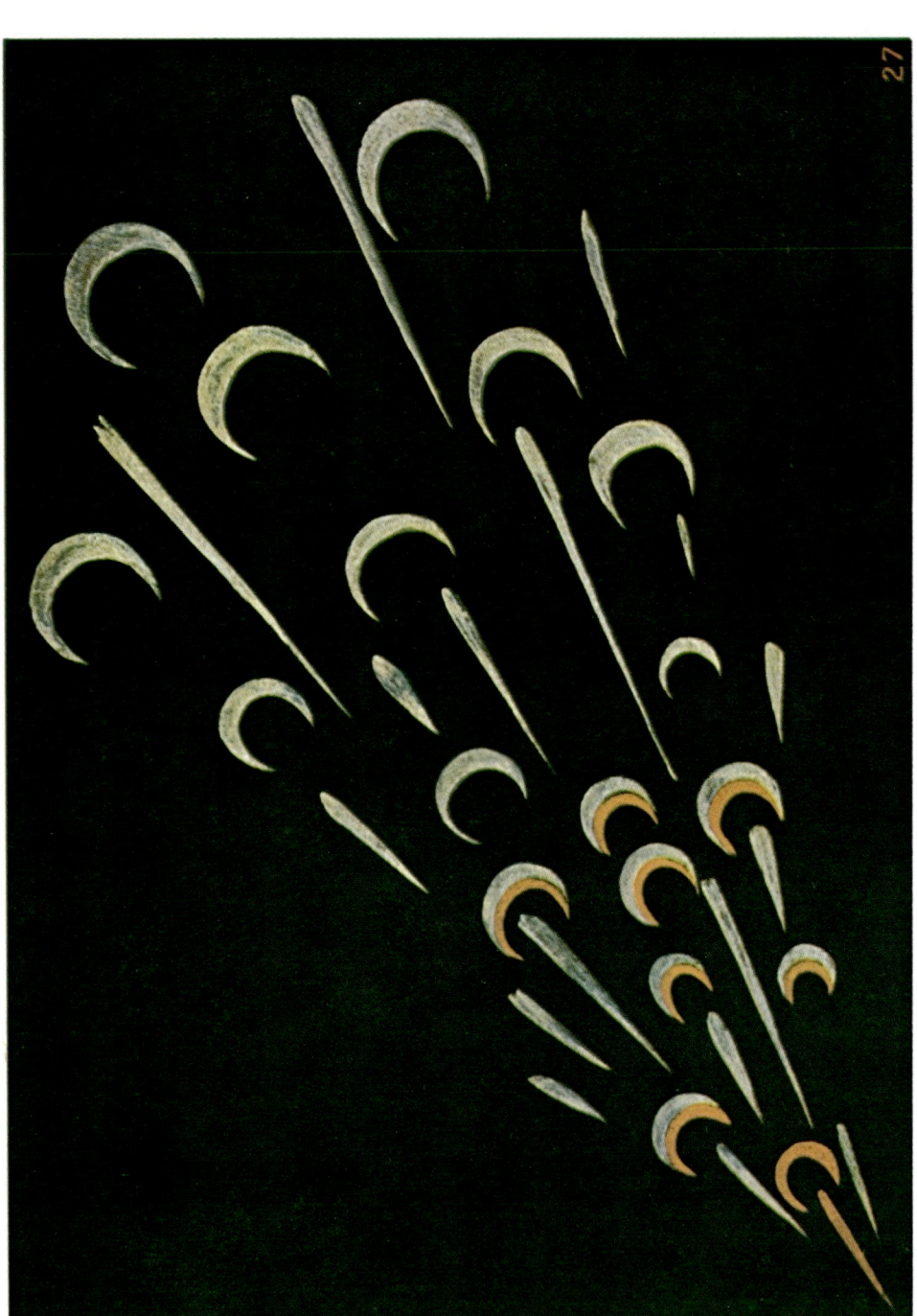

28

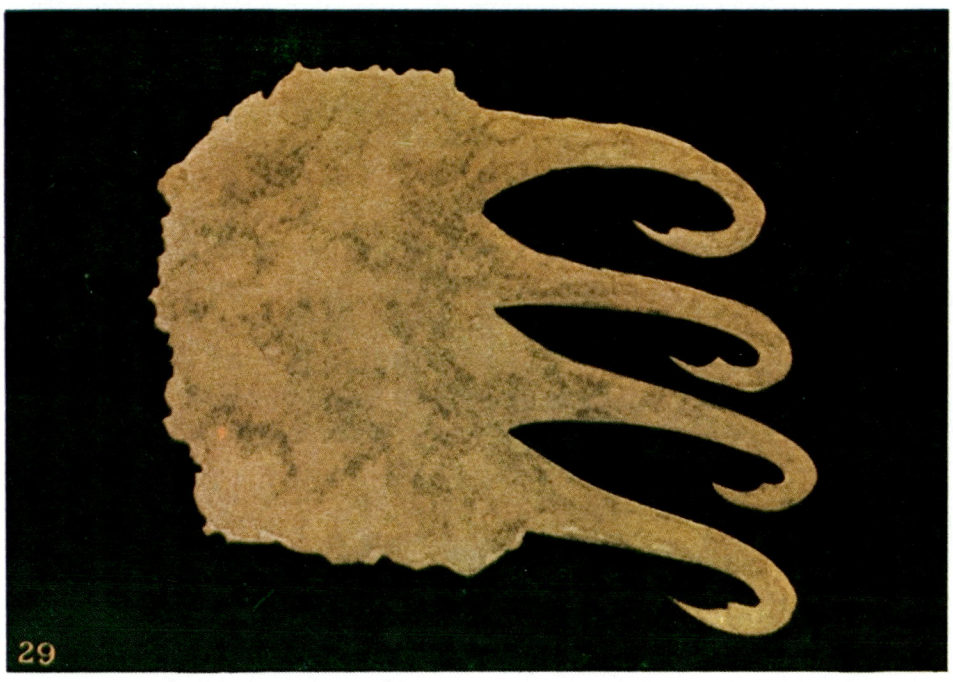

29

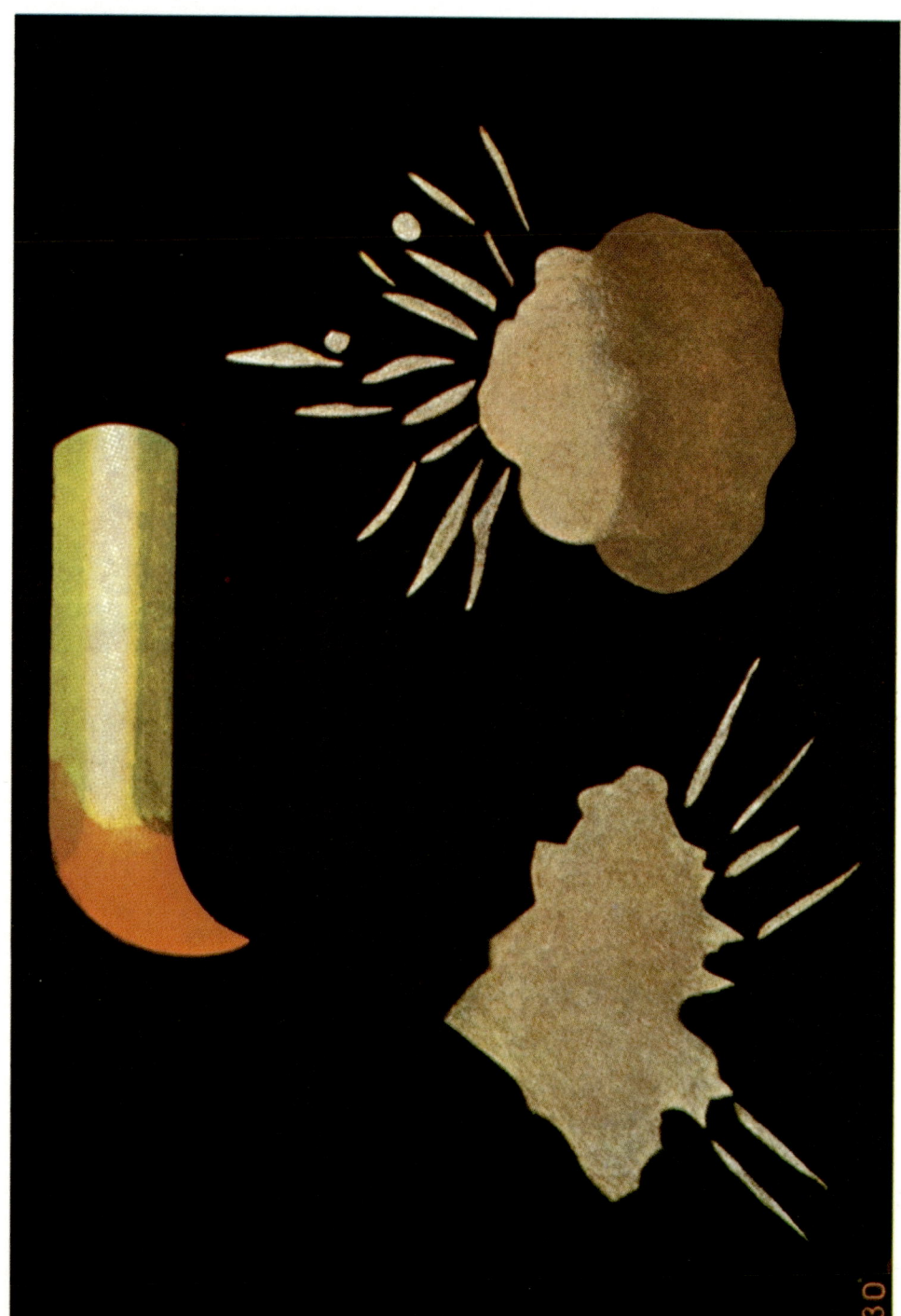

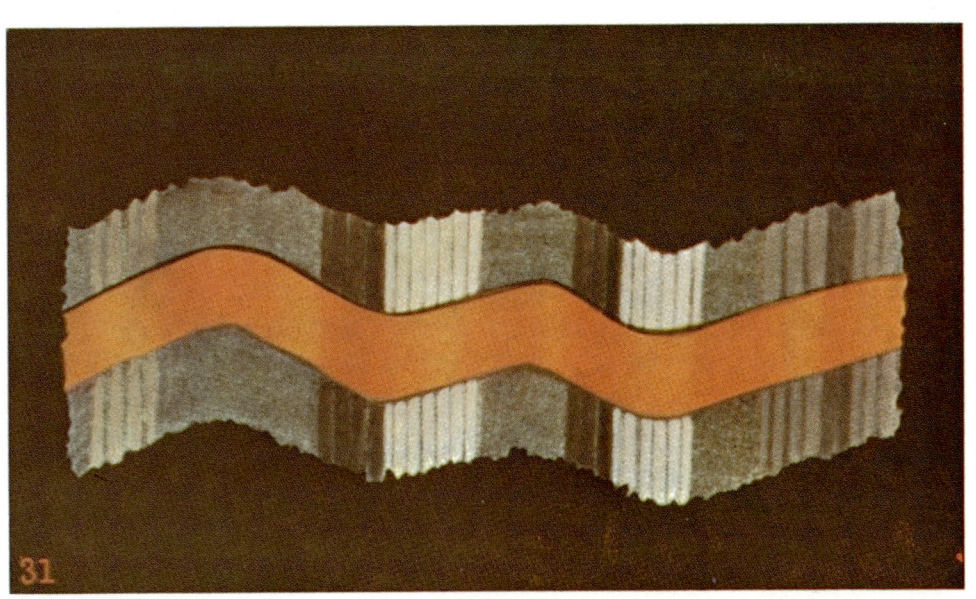

31

33

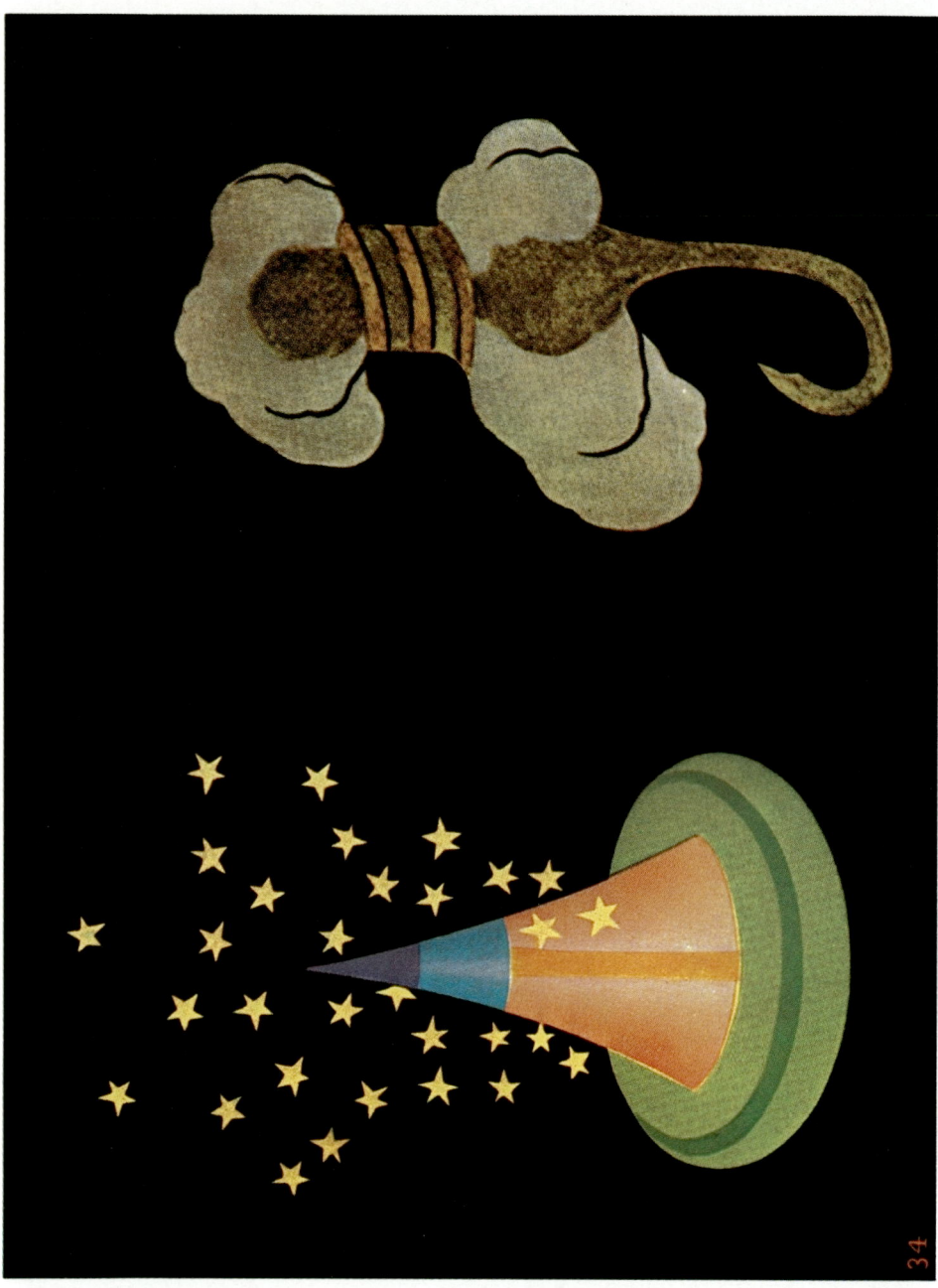

35

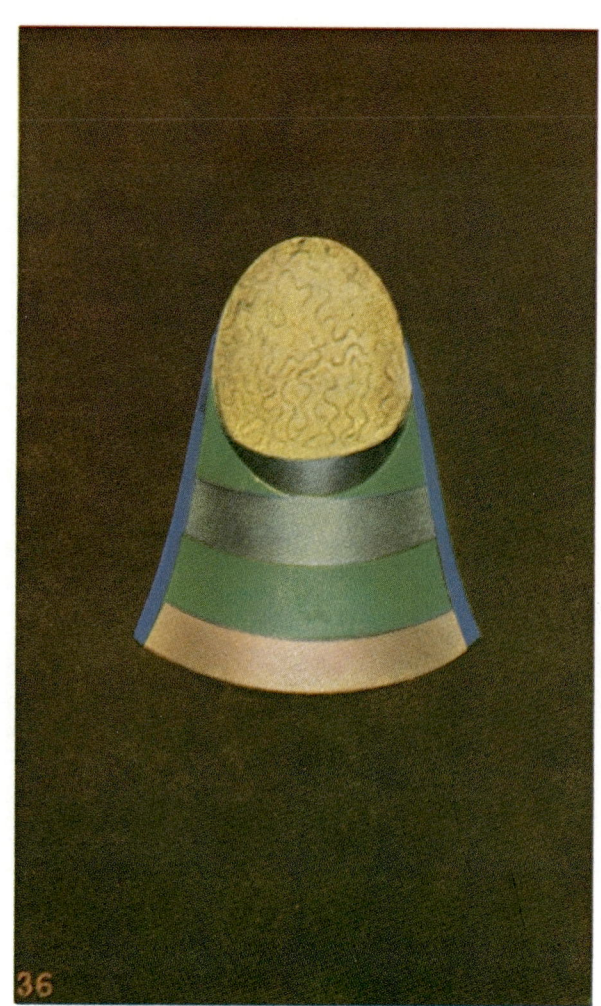

36

37

40

41

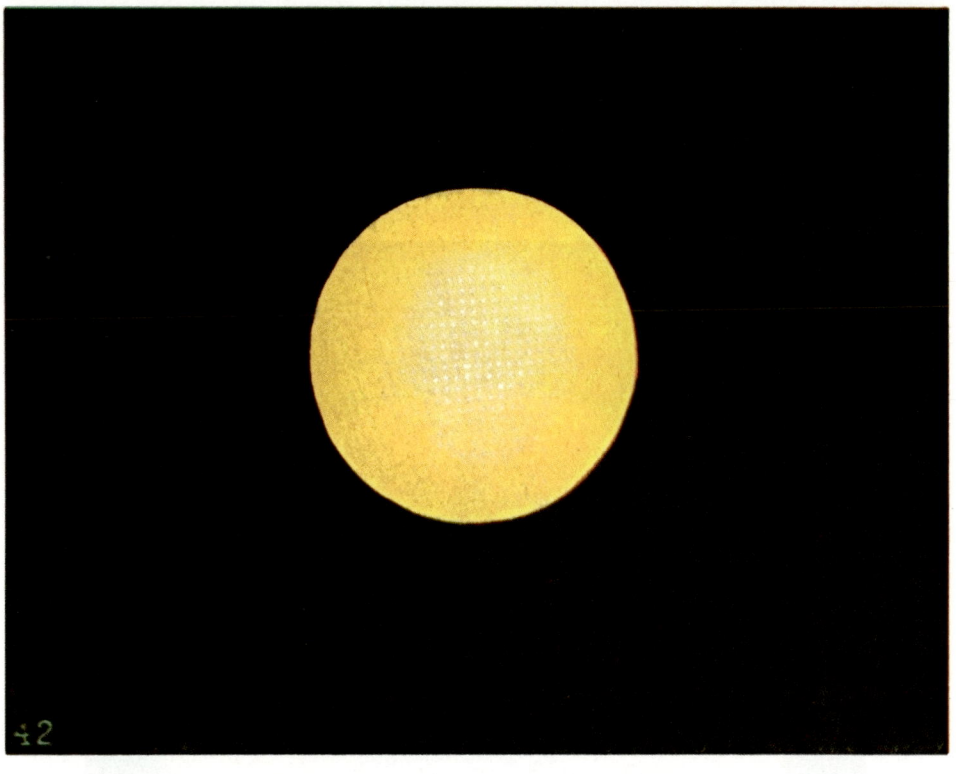

42

43

48

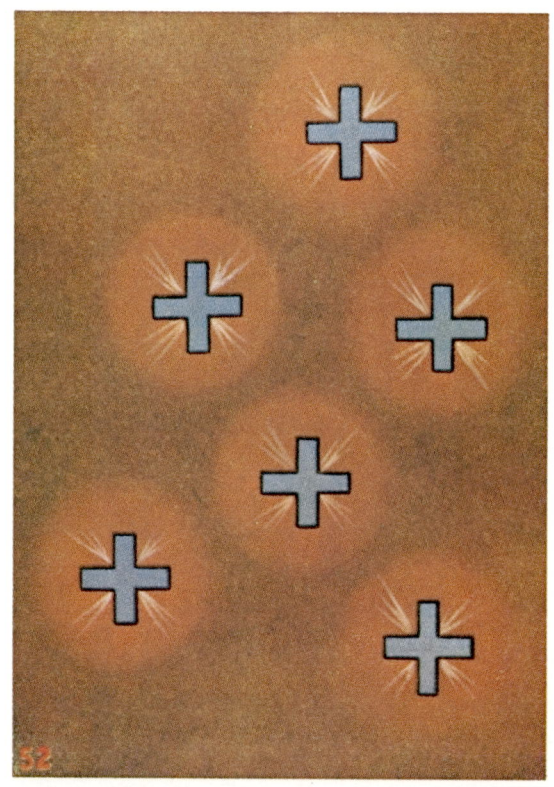

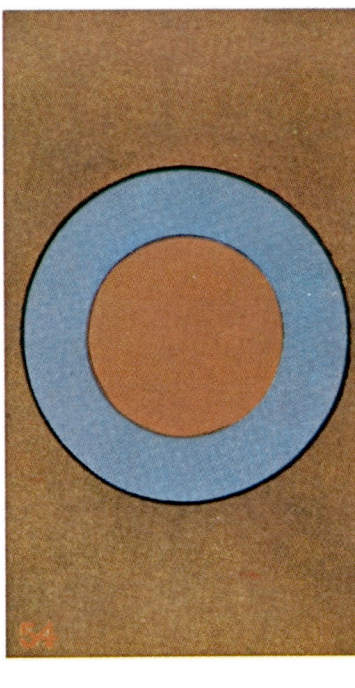

SCHLÜSSEL ZUM VERSTÄNDNISSE DER FARBENBEDEUTUNG.

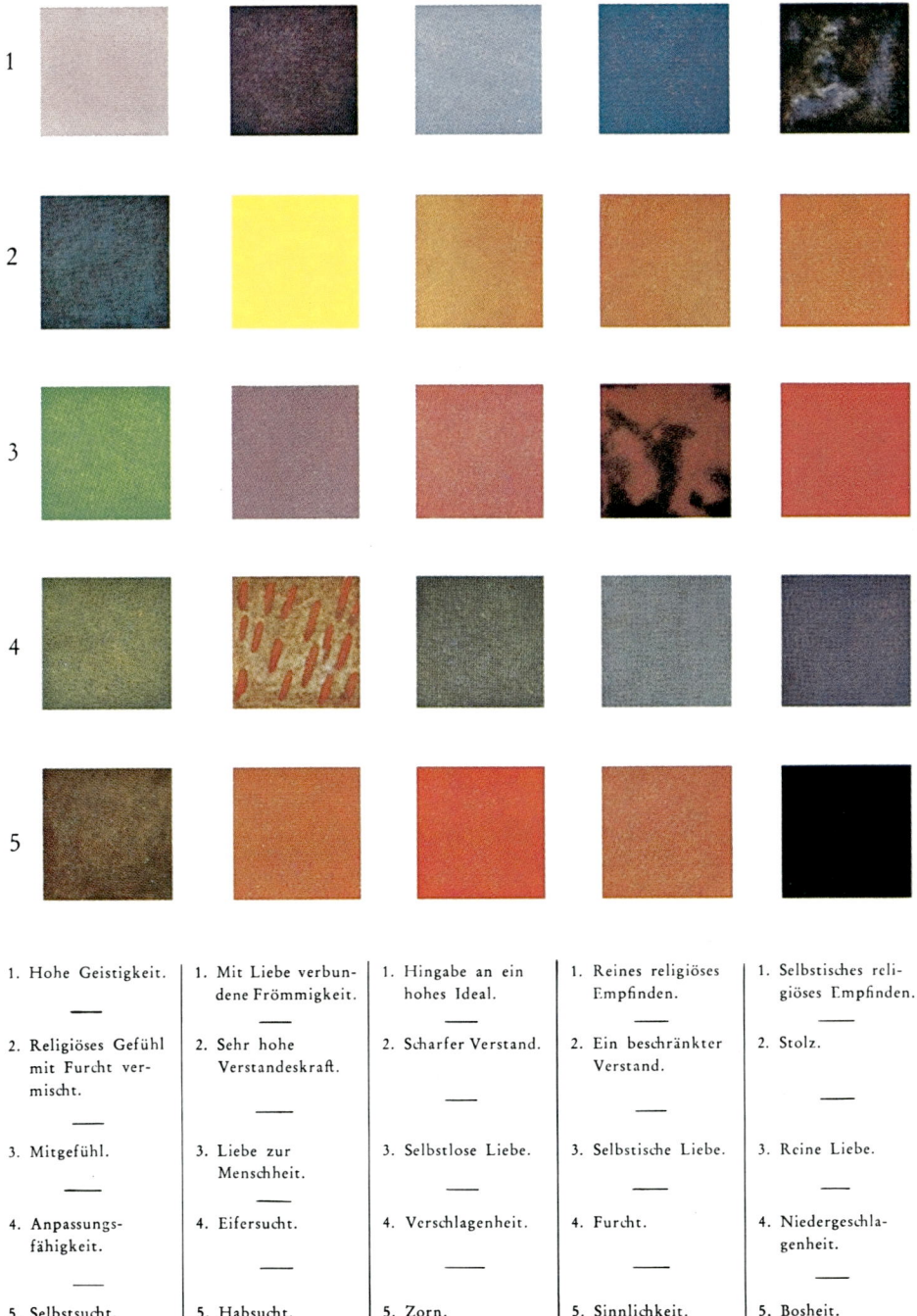

1. Hohe Geistigkeit.	1. Mit Liebe verbundene Frömmigkeit.	1. Hingabe an ein hohes Ideal.	1. Reines religiöses Empfinden.	1. Selbstisches religiöses Empfinden.
2. Religiöses Gefühl mit Furcht vermischt.	2. Sehr hohe Verstandeskraft.	2. Scharfer Verstand.	2. Ein beschränkter Verstand.	2. Stolz.
3. Mitgefühl.	3. Liebe zur Menschheit.	3. Selbstlose Liebe.	3. Selbstische Liebe.	3. Reine Liebe.
4. Anpassungsfähigkeit.	4. Eifersucht.	4. Verschlagenheit.	4. Furcht.	4. Niedergeschlagenheit.
5. Selbstsucht.	5. Habsucht.	5. Zorn.	5. Sinnlichkeit.	5. Bosheit.